Gustave Haack

Untersuchungen zur Quellenkunde von Lesage's ''Gil Blas de Santillane''

Gustave Haack

Untersuchungen zur Quellenkunde von Lesage's ´´Gil Blas de Santillane´´

ISBN/EAN: 9783742808578

Hergestellt in Europa, USA, Kanada, Australien, Japan

Cover: Foto ©Andreas Hilbeck / pixelio.de

Manufactured and distributed by brebook publishing software (www.brebook.com)

Gustave Haack

Untersuchungen zur Quellenkunde von Lesage's ´´Gil Blas de Santillane´´

Untersuchungen zur Quellenkunde

von

Lesage's „Gil Blas de Santillane".

Inaugural-Dissertation

zur Erlangung der Doctorwürde
der hohen philosophischen Fakultät der Christian-Albrechts-
Universität zu Kiel

vorgelegt von

Gustav Haack

aus Dassendorf in Lauenburg.

Kiel, 1896.

Druck der »Nord-Ostsee-Zeitung«.

INHALT.

Einleitung: Uebersicht der Geschichte der Gil Blas-Frage.
  § 1. Die Geschichte der Gil Blas-Frage ist behandelt worden von Veckenstedt und Claretie.
  § 2. Geschichte der Gil Blas-Frage bis 1822.
  § 3. Geschichte der Gil Blas-Frage von 1822 bis jetzt.

Kapitel I. Das Verhältnis des Gil Blas zu den Picaro-Romanen.
  Abschnitt 1. Gil Blas und Marcos de Obregon.
    § 1. Das Vorbild für die zweite Vorrede »Gil Blas au lecteur«.
    § 2. Gil Blas und der »parasite«.
    § 3. Der Maultiertreiber und die Asturianerin.
    § 4. Der Betrug der Camilla.
    § 5. Dona Mergelina und der Barbierbursche.
    § 6. Bonmot des Mathias de Silva.
    § 7. Die Gefangennahme Rafaels und seiner Gefährten auf der Insel Cabrera.
    § 8. Sonstige Beziehungen zwischen den beiden Romanen.
  Abschnitt 2. Gil Blas und Estevanillo Gonzalez.
    § 9. Scipio im Dienste des Don Abel.
    § 10. Scipio im Dienste des Erzbischofs von Palermo.
  Abschnitt 3. Gil Blas und die übrigen Picaro-Romane.
    § 11. Gil Blas und Guzman de Alfarache.

Kapitel II. Beziehungen des Gil Blas-Romanes zu spanischen Dramen.
  Abschnitt 1. Die Beziehungen der Novelle »Le mariage de vengeance« im vierten Kapitel des vierten Buches zu Roxas', Casarse por vengarse.
    § 1. Nachweis dieser Quelle durch Tieck.
    § 2. Vergleichung der Novelle mit der Comedia.
  Abschnitt 2. Die Beziehungen der Geschichte der Aurore de Guzman im vierten Buche, Kap. 3—6, zu der Comedia: Todo es enredos Amor.

§ 3. Nachweis dieser Quelle durch Franceson und Tieck.
§ 4. Inhaltsangabe der Comedia und Vergleichung derselben mit der Erzählung bei Lesage.

Abschnitt 3. Die Beziehungen der Erzählung Rafaels im ersten Kapitel des fünften Buches — das Abenteuer mit dem Herrn von Moyadas — zu Mendoza's, »Los empeños del mentir« und Moreto's, »La ocasion hace al ladron«.

§ 5. Für dieses Abenteuer werden zwei verschiedene Quellen angegeben.
§ 6. Vergleichung der Erzählung mit »La ocasion hace al ladron.«
§ 7. Vergleichung der Erzählung mit »Los empeños del mentir.«

Kapitel III. Beziehungen des Gil Blas-Romanes zu anderen Dichtungen.

§ 8. Baret's Behauptungen.
§ 9. Aehnlichkeiten zwischen Gil Blas und Firenzuola's, »Asino d'oro«.
§ 10. Aehnlichkeiten zwischen Gil Blas und französischen Erzählungen.

Schluss: Zusammenfassendes Urteil über die Originalität Lesage's.

Litteraturangabe.

Ausgaben des Gil Blas de Santillane
  von Garnier frères, Paris (ohne Jahreszahl),
    (Nach dieser Ausgabe wird citiert)
  von dem Comte François de Neufchateau, Paris 1818, 3 Bde.
J. A. Llorente: Observations critiques sur le roman de Gil Blas de Santillane, Paris 1822.
C. F. Franceson: Ueber den Roman Gil Blas oder Beantwortung der Frage: Ist Lesage der ursprüngliche Verfasser des Gil Blas?, Berlin 1823.
Vicente Espinel: Leben und Begebenheiten des Eskudero Marcos de Obregon. Uebersetzt von Ludwig Tieck, Breslau 1827, 2 Bde.
Dr. E. Veckenstedt: Die Geschichte der Gil Blas-Frage, im Arch. f. d. Stud. d. n. Spr. u. Litt. Jahrg. XXXIII. Bd. 61.

Ferdinand Brunetière: Alain-René Lesage (Études sur le XVIII. siècle: Les Romanciers. Rev. d. d. Mondes 1883, 15. Mai).

E. Hönncher: Die litterarische Satire Lesage's, in der Ztschr. f. nfz. Spr. u. Litt. Bd. VIII, S. 1—35.

Dr. Robolsky: Sur l'originalité de Gil Blas, Prgr. der Friedr.-Wilh.'s-Schule zu Stettin, 1857.

Léo Claretie: Essai sur Lesage, Paris 1890 (A. Colin et Cie.).

A. F. von Schack: Geschichte der dramatischen Litteratur und Kunst in Spanien, Berlin 1845—46, 3 Bde.

Georg Ticknor: Geschichte der schönen Litteratur in Spanien. Deutsche Uebersetzung von N. J. Julius. Leipzig (Brockhaus) 1867, 2 Bde mit Supplement.

Adolf Schaeffer: Geschichte des spanischen National-Dramas, Leipzig (Brockhaus) 1890, 2 Bde.

Eugène Baret: Histoire de la littérature espagnole, Paris 1863.

Relaciones de la vida del escudero Marcos de Obregon. Por el maestro Vicente Espinel, Madrid 1657.

La vida y hechos de Estevanillo Gonzalez, hombre de buen humor. Compuesta por el mismo. Amberes 1646.

De la vida del picaro Guzman de Alfarache partes dos. Compuesta por Matheo Aleman, Mailand 1615.

La vida de Lazarillo de Tormes y de sus fortunas y adversidades, Mailand 1615.

Obras de Don Francisco Quevedo Villegas, Brüssel 1660.

       I^a parte, p. 439—537: De la historia y vida del gran Tacaño, Pablo de Segovia.

36 Einzeldrucke von Comedias des Agustin Moreto, veröffentlicht in den Jahren 1746—71, in 3 Bdn.

Diez Comedias de Francisco de Roxas (Einzeldrucke) Madrid 1793, 1 Bd.

Obras liricas, y comicas, divinas, y humanas . . . . . de Don Antonio Hurtado de Mendoza, Madrid 1728, 1 Bd.

Einleitung.

§ 1.

Im Jahre 1707 erschien Alain-René Lesage's Diable boiteux. Der Erfolg dieses Romanes war ein grosser, er erschien noch in demselben Jahre in zweiter Auflage. Das Journal de Verdun (décembre 1707) berichtete: On travaille à une troisième (édition); deux seigneurs de la cour mirent l'épée à la main dans la boutique de la Barbin, pour avoir le dernier exemplaire de la seconde édition (vgl. Sainte-Beuve's Notice sur Lesage S. IX der Garnierschen Ausg. des »Diable boiteux«, Paris 1874).

Noch grösser war der Erfolg des Gil Blas de Santillane. Nachdem 1715 die ersten sechs Bücher erschienen waren, setzte Lesage, um vielfachem Wunsche zu entsprechen, den Roman im Jahre 1724 fort. Er schloss ihn mit dem neunten Buche ab. 1735 nahm er aber den Faden noch einmal auf, eine zweite Fortsetzung hinzufügend (Buch X—XII).

Am Anfange unseres Jahrhunderts entbrannte ein heftiger Streit über die Originalität und somit über den Wert dieser Dichtung. Schriften und Gegenschriften erschienen in den Jahren 1818—37. In Folge dessen hat sich eine ganze »Geschichte der Gil Blas-Frage« gebildet, die in neuerer Zeit zuerst von E. Veckenstedt (Die Geschichte der Gil Blas-Frage, Arch. f. d. Stud. d. n. Spr. u. L. Bd. 61) sodann von Léo Claretie (Essai sur Lesage, Paris 1890) behandelt worden ist. Weil sie dort erschöpfend dargestellt worden ist, werde sie hier nur kurz skizzirt, wobei die weniger wichtigen Schriften unberücksichtigt bleiben dürfen.

§ 2.

In seinem Werke »Siècle de Louis XIV« gab Voltaire ein Verzeichnis der dem Zeitalter des grossen Königs angehörigen Schriftsteller und ihrer bedeutendsten Schöpfungen. In den ersten

Ausgaben wurde über Lesage bemerkt: »Sage (le), né en 1667: Son roman de Gil Blas est demeuré, parce qu'il y a du naturel: mort en 1747«. Im Jahre 1775 fügte Voltaire in einer neuen Ausgabe hinzu: »Son roman de Gil Blas est entièrement pris du roman espagnol intitulé La Vidad de lo Escudiero dom Marcos de Obregon.« [1])
Im Jahre 1787 erschien zu Madrid eine spanische Uebersetzung des Gil Blas vom Padre Isla unter dem Titel: Aventuras de Gil Blas de Santillana robadas à España, y adoptadas en Francia por M. Le Sage, restituidas à su Patria y à su Lengua nativa, por un Español zeloso, que no sufre que se burlen de su Nacion. (Ueber den Padre Isla vgl. Ticknor, a. a. O. II 360—69.) Durch die Vorrede zu dieser Uebersetzung wurde Isla der eigentliche Urheber des Streites über die Gil Blas-Frage. Er behauptete nämlich in derselben, Lesage wäre in Spanien gewesen, hätte dort das Manuskript des Gil Blas erworben, dann den Roman übersetzt und unter seinem Namen als angebliches Originalwerk in Frankreich veröffentlicht. Als Beweisgründe hierfür wurden von ihm angeführt:

1. Die eigenen Landsleute des Lesage sehen den Gil Blas als eine Uebersetzung aus dem Spanischen an. So rechnen die Verfasser des »Dictionnaire historique portatif« (Amsterdam 1771) in dem Artikel über Lesage den Gil Blas de Santillane »entre las traducciones ó imitaciones de la lengua española, en que M. Alano exercitó el gran talento de hacer suyos los pensamientos agenos.«

2. Auf die Frage des Lesers, wer denn der wirkliche Verfasser des Gil Blas gewesen, und wie das Manuskript in die Hände des Lesage gelangt sei, antwortet Isla: »eso es en lo que no le podré servir con la seguridad que yo quisiera y v. mismo descára.« Er habe nur ermitteln können, dass Lesage viele Jahre in Spanien »segun unos como secretario, y segun otros como amigo ó comensal de un embaxador de Francia« gewesen sei, dass er in engen freundschaftlichen Beziehungen zu einem andalusischen Anwalt gestanden, und dass dieser ihm das Manuskript des Gil Blas-Romanes anvertraut habe, damit er es in französischer Sprache (in Paris drucken lasse, und es) ver-

---
[1]) Ueber Espinel's Marcos de Obregon vgl. Ticknor a. a. O. II, S. 218—21.

öffentliche »como nacido en aquel reyno.« In Spanien hätte es nicht gedruckt werden könen, weil die darin enthaltene heftige Satire Verfasser und Drucker in Gefahr gebracht haben würde.

3. Jeder, der den Gil Blas liest, kann sich überzeugen, dass er unter der Regierung Philipp's III. und Philipp's IV. geschrieben worden ist. Als Lesage sich in Spanien aufhielt, circulirte die anonyme Urschrift des Romans in einem kleinen Kreise von Litteraturfreunden. Lesage erwarb es. »Esto es quanto he podido averiguar en el asunto, pero sin documentos suficientes que lo prueben, ni testimonios respetables que lo califiquen. Lo que à mi me parece del texido de esta relacion es, che se non sia vero, al meno é bene trovato.«

4. Der Leser muss fragen: wie ist es denn zu erklären, dass in dem Roman, dessen Verfasser sonst durchweg eine eingehende Kenntnis von der Geographie Spaniens bekundet, im ersten Kapitel des zehnten Buches der Paradoxismus begangen wird, dass Scipio auf dem Wege von Madrid nach Asturien in der ersten Nacht in Alcalá, in der zweiten in Segovia übernachtete? Jeder Spanier weiss, dass das undenkbar ist. Isla antwortet darauf: Diesen Fehler beging Lesage absichtlich, um seinen Diebstahl zu verbergen. [1])

Im Jahre 1804 erschien zu Madrid eine neue Ausgabe von Vicente Espinel's Marcos de Obregon. Hierin sollen von Jacinto Jose de Cabrera y Rivas und Jose Lopez de la Torre Ayllon y Gallo die Stellen angegeben sein, die Lesage dem Espinel entlehnte (vgl. Claretie a. a. O. S. 213). Wir werden hierauf weiter unten zurückkommen.

Der Romanticismus belebte zu Anfang dieses Jahrhunderts wieder das Interesse für Spaniens Litteratur. Der Streit über den Ursprung des Gil Blas-Romanes nahm einen immer grösseren Umfang an. Der gelehrte Litterarhistoriker Graf François de Neufchateau verteidigte seinen Landsmann gegen die Anklage des Padre Isla. Am 7. Juli 1818 las er vor der Académie

---

[1]) Bei Robolsky a. a. O. ist die Vorrede des Isla abgedruckt. Daraus die Citate. Eine Kritik der Isla'schen Behauptung findet man bei Neufchateau, Veckenstedt und Claretie.

française sein »Examen de la question de savoir si Lesage est l'auteur de Gil Blas ou s'il l'a pris de l'espagnol.«[1])
Er veröffentlichte diese Untersuchung als Vorrede zu seiner 1819 bei P. Didot in Paris erschienenen Ausgabe der »Histoire de Gil Blas de Santillane«. Der erste Teil dieses »Examen« beschäftigt sich mit dem Urteil Voltaire's über den Gil Blas-Roman. Der zweite Teil enthält die Verteidigung des Lesage gegen die Anschuldigung Isla's. »Voltaire's Urteil ist nicht unparteiisch. Lesage hatte ihn als Triaquero im Gil Blas (Buch X, Kap. 5), sowie in zwei Possen lächerlich gemacht. Voltaire wollte sich auf diese Weise rächen«. Nach der Vergleichung des Marcos de Obregon mit dem Gil Blas kommt Neufchateau zu dem Schlusse: »J'ai été surpris de voir qu'à proprement parler, il n'y a point de ressemblance entre l'ouvrage d'Espinel et celui de Lesage, excepté deux ou trois passages et quelques noms tirés de la langue espagnole.« Dem Isla erwidert er: Lesage ist nie in Spanien gewesen, kann also dort kein Manuscript erworben haben. Wenn ein Manuscript vorhanden gewesen wäre, weshalb machte Isla sich dann die Mühe, dass er den Gil Blas aus dem Französischen in's Spanische übersetzte? Er konnte doch einfach das Manuscript veröffentlichen.

Im Jahre 1820 veranstaltete derselbe Neufchateau eine neue Ausgabe des Gil Blas und versah diese mit Anmerkungen, die darthun sollten, dass das ganze Gepräge des Gil Blas-Romanes französisch sei, und so einen neuen Beweis für seine Ansicht lieferten. Im selben Jahre schrieb J. A. Llorente, spanischer Gesandter am französischen Hofe und Verfasser der »Histoire critique de l'Inquisition«, ein Werk über die Gil Blas-Frage, das er durch Lemontey der Académie überreichen liess; er wollte darin den spanischen Ursprung des Gil Blas nachweisen. Hierauf antwortete Graf Neufchateau mit einer Schrift, die er am 10. Januar 1822 der Academie vorlas, und die betitelt ist: »Examen du nouveau système sur l'auteur de Gil Blas, ou réponse aux observations critiques de M. Llorente.«

---

[1] In neuerer Zeit ist behauptet worden, das nicht Graf Neufchateau, sondern kein geringerer als Victor Hugo der Verfasser des »Examen« sei (vgl. Claretie a. a. O. S. 214). Demgemäss ist denn auch dies »Examen« in Victor Hugo's Œuvres complètes aufgenommen worden (vgl. V. Hugo raconté par un témoin de sa vie). Aber diese Behauptung ist unwahr, wie Biré in »Victor Hugo avant 1830« nachgewiesen hat (vgl. J. Sarrazin, Beiträge zur Hugoforschung, Ztschr. f. nfz. Spr. u. L. XIV. S. 96).

Hierauf veröffentlichte noch in demselben Jahre 1822 Llorente seine »Observations critiques sur le roman de Gil Blas de Santillane.« Er führte die Geschichte von dem mysteriösen Manuscript etwas weiter aus: Lesage ist nicht in Spanien gewesen, aber er hat das Manuscript auf Umwegen erlangt. Sein Beschützer und Mäcen, der Abt Jules de Lyonne, hat ihm das Manuscript vermacht, das dieser wieder von seinem Vater, dem Marquis de Lyonne, ausserordentlichen Gesandten Ludwigs XIV. am spanischen Hofe, geerbt hatte. Der Marquis, ein grosser Liebhaber spanischer Novellen, kaufte das Manuscript des Romanes, das unter dem Titel »Historia de las aventuras del Bachiller de Salamanca, Don Kerubin de la Ronda« von Antonio de Solis geschrieben worden war. Diesem Werke hat Lesage zunächst den Gil Blas entnommen und den Rest dann im Jahre 1738 unter dem Titel »Le Bachelier de Salamanque« veröffentlicht.

Es würde zu weit führen, wenn wir näher auf die Ausführungen Llorente's in dem 307 Seiten langen Buche eingehen wollten. Er sucht darin darzulegen, dass spanische Worte und Redewendungen, die Eigennamen, sowie die getreue Schilderung der Sitten und Gebräuche, die Existenz des Manuscriptes beweisen. Selbst die Fehler in Bezug auf Topographie, Chronologie, Namen u. s. w. sucht Llorente für seine Ansicht auszubeuten, indem er sagt, diese seien dadurch entstanden, dass Lesage den Urtext nicht richtig gelesen habe. Gerade aus diesen Fehlern könne man auf die Existenz des Manuscriptes schliessen. Aber Llorente hält seine Leser in der That für sehr leichtgläubig, wenn er im zwölften Kapitel des Werkes achtunddreissig spanische Dichter aufzählt, welche Verfasser des Romans gewesen sein könnten und von diesen ohne Grund Don Antonio de Solis y Ribadeneyra, der sich nie in der Romandichtung versucht hat, für den Verfasser erklärt. Solis selbst habe den Roman nicht herausgeben können, weil er im Dienste derjenigen Personen stand, gegen welche sich die Satire des Romanes wandte.

Eine ganze Reihe Schriften über die Gil Blas-Frage von geringerer Wichtigkeit erschienen um jene Zeit. Sie werden ausführlich behandelt bei Claretie und Veckenstedt. Wir wollen sie hier nur kurz erwähnen. 1819 erschien das den spanischen Standpunkt vertretende anonyme Werk »Tareas de un solitario«. Bocous übernahm in der »Biographie Michaud« die Verteidigung

Isla's. Audriffet gab 1821 die Œuvres de Lesage heraus und nahm dabei Veranlassung, Llorente zu bekämpfen. 1822 wurde von der Académie ein »Eloge de Lesage« ausgeschrieben, was Anlass zur Abfassung mehrerer Schriften wurde, so der von Patin, Malitourne und Saint-Marc Girardin (vgl. Claretie a. a. O. S. 217).

§ 3.

Nach 1822 trat die Gil Blas-Frage in eine neue Phase der Entwicklung. Sie wurde, nachdem sie bis jetzt mehr nur diletantisch behandelt worden war, zum Gegenstande wirklich wissenschaftlicher Forschung gemacht. Deutschland bemächtigte sich der Frage. 1823 erschien eine Abhandlung des Berliner Professors Franceson: »Ueber den Roman Gil Blas, oder Beantwortung der Frage: Ist Lesage der ursprüngliche Verfasser des Gil Blas?« 1827 nahm Ludwig Tieck gelegentlich seiner Uebersetzung des Marcos de Obregon Veranlassung, den Gil Blas in Bezug auf seine Quellen zu untersuchen.

Franceson suchte einerseits die Unhaltbarkeit der Theorien Isla's und Llorente's zu beweisen, andererseits Voltaire's und Neufchateau's Urteile zu berichtigen: Voltaire ging zu weit mit seiner Ansicht, dass der Gil Blas ganz aus dem Obregon geschöpft sei; andererseits hat Neufchateau nicht in ausreichender Weise das nachgewiesen, was Lesage dem Obregon verdankt. Als dem Obregon entnommen führt er acht Stellen an. (Wir werden darauf im zweiten Kapitel näher eingehen.) Von anderen Werken führt er Firenzuola's Asino d'oro, die Comedia: Todo es enredos amor des Diego de Cordova y Figueroa, sowie den Estevanillo Gonzalez als Quellen des Gil Blas an. Ferner spricht er von einigen Anspielungen auf französische Verhältnisse in Lesage's Roman und versucht schliesslich, durch Vergleichung einiger Stellen im Obregon mit den entsprechenden des Gil Blas, die Art und Weise, wie Lesage seine Quellen und Vorlagen benutzte, dem Leser zu veranschaulichen. 1857 liess Franceson dann diese Arbeit, etwas weiter ausgeführt, wieder drucken unter dem Titel: »Essai sur la question de l'originalité de Gil Blas, ou nouvelles observations critiques sur ce roman« (vgl. Claretie a. a. O. S. 144 f.).

Ludwig Tieck übersetzte 1827, in Gemeinschaft mit einigen Freunden, den Obregon. [1]) Er schrieb für diese Uebersetzung

---

[1]) W. Bernhardi behauptet in einem Aufsatze »Ludwig Tieck und die romantische Schule« (Herrigs Archiv, Bd. 33), Dorothea Tieck habe

eine 57 Seiten lange, sehr ungeordnete Einleitung. Seiner Uebersetzung liegt die Madrider Ausgabe von 1804 zu Grunde. Diese Ausgabe enthielt, wie wir auf S. 9 bemerkt haben, Noten über das Verhältnis des Gil Blas zum Obregon. Tieck erwähnt nichts von diesen Anmerkungen. Infolge seiner grossen Belesenheit in der spanischen Literatur war Tieck im Stande, eine Anzahl Entlehnungen Lesage's aus spanischen Comedias nachzuweisen, die Franceson noch nicht entdeckt hatte. Nichtsdestoweniger sind seine Angaben recht unzulänglich. Er selbst hat es empfunden und entschuldigt es in der Vorrede damit, dass er einen Teil der Lustspiele verlegt habe und sie nicht wieder finden könne. Dann giebt er in einem »Nachtrag« einige an, die er wiedergefunden hat. Nichtsdestoweniger möchte ich ausdrücklich darauf hinweisen, dass diese Vorrede in Betreff der Quellennachweise die reichhaltigste Zusammenstellung ist. Das Verzeichniss der Entlehnungen Lesage's ist seit Tieck nicht wesentlich vergrössert worden. Ausserdem hat er dem Text Anmerkungen beigegeben, in denen er zehn Stellen des Gil Blas als Entlehnungen aus dem Obregon nachweist, sowie eine Beurteilung der von Lesage geübten Art der Quellenausnutzung giebt. (Im ersten Kapitel werde ich eingehender darüber handeln.)

Im Jahre 1827 sprach auch Walter Scott in den »Biographical memoirs of eminent novelists« seine Ansicht über den Gil Blas aus. Er erklärte ihn für ein Originalwerk.

Die Ansichten Antonio Puigblanch's (Opusculos grammatico-satiricos 1832), des Amerikaners Borrow in »The Zincali, an Account of the Gipsies of Spain«, de Puibusque's, 1843, in seiner »Histoire comparée des littératures espagnole et française« bieten nichts Neues (vgl. Claretie S. 239 a. a. O.). Von 1845—52 beschäftigte sich der Spanier Adolfo de Castro in drei verschiedenen Werken mit der Gil Blas-Frage.

1849 erschien George Ticknor's History of Spanish Litterature (in deutscher Uebersetzung von Julius, Leipzig 1867). Der amerikanische Gelehrte, welcher eine ungeheure Anzahl spanischer Werke gelesen hat, ging in seinen Anmerkungen

---

den Obregon übersetzt. Tieck sagt aber (Vorrede S. VI), er habe selbst mit einigen Freunden, unter denen Malsburg, die Uebersetzung unternommen. Dorothea Tieck wird also wohl mit zu den Freunden gehören, die an der Arbeit sich beteiligten.

verschiedentlich auf die Gil Blas-Frage ein und berichtigte das Urteil Tiecks in einigen Punkten (vgl. Kap. II).

Im Jahre 1857 erschien, veranlasst durch Franceson's Essai (vgl. oben), in Stettin eine Programmabhandlung »Sur l'originalité de Gil Blas« vom Oberlehrer Dr. Robolsky. Der Verfasser druckte aus Isla's Uebersetzung des Gil Blas die Einleitung, sowie einige Seiten des Textes ab, und knüpfte daran einige für die Frage durchaus unwichtige Bemerkungen.

In neuerer Zeit hat man sich noch verschiedentlich mit dem Gil Blas beschäftigt. Baret hat 1863 in seine »Histoire de la littérature espagnole« eine weitläufige Untersuchung über den Gil Blas (S. 504—23) eingefügt. F. Brunetière veröffentlichte 1888 einen Aufsatz über Lesage in der Revue des deux mondes. »Die litterarische Satire Lesage's« ist von F. Hönncher im achten Bande der Zeitschrift für neufranzösische Sprache und Litteratur behandelt worden. In allen diesen Abhandlungen wird selbstverständlich auch die Ursprungsfrage berührt.

Die Litteratur über die Gil Blas-Frage hatte allmählich einen so grossen Umfang angenommen, dass E. Veckenstedt 1879 es unternahm, die »Geschichte der Gil Blas-Frage« zu schreiben. Der Verfasser giebt uns eine ausgezeichnete Kritik der die Frage behandelnden Werke.

1890 erschien dann das grossangelegte Werk Claretie's über Lesage (447 Seiten in Grossoktav). Das Buch zerfällt in drei Teile. In dem ersten wird eine sehr ausführliche Biographie Lesage's nach den neuesten Forschungen gegeben; der zweite behandelt die »Origines du roman de Lesage«, der dritte die »Originalité du roman de Lesage«. Eine bis ins Einzelne gehende Geschichte der Gil Blas-Frage wird in diesem Werke auf S. 199—261 gegeben.

Die grosse Zahl von Abhandlungen über diese eine Frage — nach Claretie sind es ungefähr 40 — von denen manche nur schwer zu erlangen sind, kann den Anschein erwecken, dass ein nochmaliges Eingehen auf die Gil Blas-Frage überflüssig sei. Mir will es jedoch scheinen, dass man bislang nicht genügend auf die Art und Weise, wie Lesage seine Quellen benutzte, eingegangen ist. Den Anfang dazu hat, wie schon S. 12 bemerkt wurde, Tieck gemacht. Da aber Tieks Angaben im Wesentlichen nur Andeutungen sind, so dürfte es zweckdienlich sein, dieselben auf Grund einer genauen Vergleichung des Gil Blas mit seinen Quellen zu erweitern.

ERSTES KAPITEL.
Das Verhältnis des Gil Blas zu den Picaro-Romanen.

Der erste Picaro-Roman ist der »Lazarillo de Tormes« des Don Diego Hurtado de Mendoza. Er erschien 1554. Ihm folgte 1599 der »Guzman de Alfarache«. Dieser Roman hatte einen ungeheuren Erfolg. Es wird berichtet, dass 1605 schon 25 Auflagen erschienen waren. Das musste zur Nachahmung anreizen (vgl. Ticknor a. a. O. Bd. II. S. 214 Anm. 1). 1605 erschien Andreas Perez' »La Picara Justina«, 1618 Espinel's »Marcos de Obregon«, 1624 Janez y Rivera's »Alonso, moço de muchos amos«, 1625 die »Historia y vida del gran Tacaño, Pablo de Segovia« des Francisco Gomez de Quevedo y Villegas, 1632 die »Teresa, la niña de los embustes« und 1634 »La Garduña de Sevilla« von Alonso del Castillo Solorzano. Der letzte Roman dieser Art ist die »Vida y hechos de Estevanillo Gonzalez, hombre de buen humor, compuesta por el mismo«, erschienen 1646 (vgl. § 10).

I. Gil Blas und Marcos de Obregon.

Tieck führt in der Vorrede und den Anmerkungen zu seiner Uebersetzung des Marcos de Obregon sieben dem Obregon entlehnte Stellen des Gil Blas an nämlich:

1. Die zweite Einleitung: Gil Blas au lecteur (S. 4—5 der Ausgabe von Garnier frères).
2. Der letzte Teil des zweiten Kapitels des ersten Buches: Gil Blas et le parasite. (S. 10—13.)
3. Der Anfang des dritten Kapitels des ersten Buches: De la tentation qu'eut le muletier sur la route. (S. 13—14.)
4. Das ganze sechzehnte Kapitel des ersten Buches: Qui fait voir qu'on ne doit pas compter sur la prospérité. (S. 57—62).
5. Der letzte Teil der im siebenten Kapitel des zweiten Buches erzählten »Histoire du garçon barbier«. (S. 106—120.)

6. Ein Teil des achten Kapitels des dritten Buches: Bonmot des Mathias de Silva. (S. 172—73).

7. Ein Teil der im ersten Kapitel des fünften Buches erzählten »Histoire de don Raphaël«, nämlich die Gefangennahme Rafaels und seiner Gefährten auf der Insel Cabrera. (S. 288—91.)

§. 1.

In dem »Prologo al lector« erzählt Vicente Espinel, dass er ursprünglich nicht die Absicht gehabt habe, diese Lebensbeschreibung des Marcos de Obregon drucken zu lassen. Er sei aber durch die Aufforderung bedeutender Schriftsteller — unter ihnen Lope de Vega — bewogen worden, dieselbe der Oeffentlichkeit zu übergeben. Er bittet nun den Leser, sich bei der Lesung des Buches nicht mit der äusseren Rinde zu begnügen, sondern tiefer einzudringen, d. h. die Nutzanwendung aus den Erzählungen zu ziehen. Dann erzählt er das Gleichnis von den beiden Studenten, die auf dem Wege von Antequera nach Salamanca bei einem Brunnen einen Stein fanden mit der Aufschrift: Conditur unio, conditur unio. Der Eine sagte: Weshalb schrieb der Esel zweimal dasselbe? und ging fort, während der Andere über den Sinn der Inschrift nachdachte. »Unio« hat zwei Bedeutungen, »Vereinigung« und »kostbare Perle«. Als er den Stein aufhob, um das Geheimnis zu entdecken, fand er darunter »la union del amor de los dos enamorados de Antequera, y en el cuello della una perla mas gruesa que una nuez, con un collar que le valio quatro mil escudos« (vgl. Anhang I).

Tieck spricht sich folgendermassen hierüber aus (Bd. I, Anm. 13*): »Ich zweifle, ob die Nachahmung dort (nämlich bei Lesage) das Original übertreffe«. Jedenfalls lässt sich nicht leugnen, dass die Vorrede zum Gil Blas den Vorzug hat, nicht so weitschweifig und umständlich zu sein, wie die des Obregon. Der erste Teil des Prologs, nämlich die Aufzählung der litterarischen Grössen, die Espinel zur Veröffentlichung seines Romans bewogen haben, musste für Lesage von selbst wegfallen. Auch die Auseinandersetzung darüber, dass Spanien ebenso grosse Männer aufzuweisen habe wie das Altertum, und dass die Gegenwart an grossen Thaten reich sei, musste Lesage füglich fortlassen. Er hat den Text der spanischen Erzählung dann frei in das Französische übersetzt. Inhaltlich hat er die Erzählung geändert, indem er für »conditur unio, conditur unio«

einsetzte: Aqui está encerrada el alma del licenciado Pedro Garcias. Ferner lässt er den Studenten nicht einen kostbaren Halsschmuck finden, sondern einen Lederbeutel mit 100 Dukaten und einer Karte, auf der in lateinischen Worten geschrieben stand: »Sois mon héritier, toi qui as eu assez d'esprit pour démêler le sens de l'inscription, et fais un meilleur usage que moi de mon argent«. Die Aenderungen hat Lesage offenbar vorgenommen, um das Wortspiel mit »unio« zu vermeiden. Er schliesst diese Erzählung mit den Worten: »L'écolier ..... reprit le chemin de Salamanque avec l'âme du licencié«.

§ 2.

Die Erzählung von dem »parasite« (Gil Blas, B. I, Kap. 2) ist dem Marcos de Obregon Rel. I, Desc. 9[1]) entlehnt.

Dort wird erzählt, dass Obregon auf seiner Reise nach Salamanca das Opfer folgenden Streiches wurde: Er kehrte in Cordova in der »Herberge zum Füllen« ein. Bei der Mittagsmahlzeit gesellte sich ein abgefeimter Gauner zu ihm und sagte ihm allerlei Schmeicheleien über seine Kenntnisse. Die Einladung Obregons, mit ihm zu speisen, nahm er gern an. Während der Mahlzeit wusste der Gauner durch erneute Schmeicheleien Obregon zu bewegen, dass er auch noch ein halbes Mass des besten Weins für seinen Gast kommen liess. Nachdem der Schmarotzer sich satt gegessen hatte, sagte er dem Obregon, es gäbe in der Stadt einen »Hidalgo«, der so sehr Freund der Genies wäre, dass er 1200 Dukaten geben würde, wenn er Obregon in seinem Hause *sehen* könnte. Obregon liess sich zu diesem führen, es war ein — Blinder (vergl. Anhang II).

Tieck (Bd. I, Anm. 23) urteilt über diese Stelle folgendermassen: »Die Geschichte ist hier besser vorgetragen als von Lesage, und der Schluss viel anmuthiger«. Bei Lesage ist die Geschichte zunächst insofern abgeändert, als der Wirt Corcuelo mit dem »parasite« unter einer Decke steckt. Diese Aenderung bringt die Erzählung mehr in inneren Zusammenhang mit dem Ganzen. Der Schluss ist in der französischen Geschichte vollkommen geändert. Hier entfernt der Schmarotzer sich nach dem Mahle, indem er Gil Blas den Rat giebt, sich in Zukunft nicht wieder durch die Schmeicheleien fremder Leute düpieren zu lassen.

---

[1]) Der »Obregon« ist nicht in Bücher und Kapitel, sondern in Relaciones (Erzählungen) und Descansos (Ruhepausen d. h. Abschnitte) eingeteilt.

Der Form nach ist die Erzählung des Franzosen vorzuziehen. Er erzählt zwar etwas umständlicher, dafür aber auch mit wirklich dramatischer Lebendigkeit. Man denke nur an die Schilderung der Umarmungen. Tieck's Urteil lässt sich also nicht aufrechterhalten.

§ 3.

Die Geschichte von dem Versuch des Maultiertreibers, die Asturianerin zu verführen, im Anfange des dritten Kapitels im ersten Buche (S. 13—14) finden wir bei Obregon, in der Relacion I, Desc. 10.

Obregon reist von Cordova nach Salamanca. Die Gesellschaft besteht ausser dem Maultiertreiber aus einigen Studenten und einem jungen Frauenzimmer. Das letztere ist auf der Reise, um sich mit einem Beamten zu verheiraten. Der Maultiertreiber fasst den Plan, sie zu verführen. »*Er stellte sich daher, als wenn ihm eine Katze mit Geld gestohlen wäre, und als wenn die Häscher schon kämen, um die Studenten ins Gefängnis zu führen.*« [1]) Diese fliehen daher nach allen Richtungen auseinander. Der Anschlag gelingt ihm jedoch nicht. Das Frauenzimmer befreit sich von ihm und verklagt den Verführer beim Alcalden. Dieser lässt den Maultiertreiber vor sich kommen, giebt ihm einen Verweis und droht ihm mit schwerer Strafe, falls er wieder Klagen über ihn hören sollte. Obregon wird auf der Flucht von seinem Gefährten getrennt und legt sich zuletzt ermüdet unter einem Baume nieder. Am nächsten Morgen wird er durch das Seufzen einer Frau aufgeweckt, die ihn folgendermassen anredet: »*Du bist vielleicht ein Schatten, aus dem Todtenreiche heraufgesandt, um mich in die Gesellschaft meines Mannes und meines Freundes einzuführen? Bist Du von dort, so weisst Du es wohl, wie hier an dieser Stelle mein Geliebter, ohne meinen Willen, meinen Gatten ermordete, um mich zu besitzen, und dass hier an diesem nämlichen Baume der Liebende, welcher mir noch zu meinem Troste geblieben war, die Strafe des Verbrechens erlitt. Sieh ihn dort über Dir hängen, ein Raub der Vögel*«. Obregon ist so erschreckt, dass er nichts erwidern kann. Sobald er sich erholt

---

[1]) Die kursiv gedruckten Citate sind der Tieck'schen Uebersetzung entnommen.

hat, entfernt er sich eilends, findet seinen Maultiertreiber wieder und reist nach Salamanca (vgl. Anh. III).

Ueber diese Entlehnung giebt Tieck kein Urteil ab. Er bemerkt nur (Bd. I, Anm. 24), dass die Fortsetzung dieses Abenteuers, wie es Espinel erzählt (nämlich die schaurige Geschichte von dem Erhängten), Lesage unbrauchbar erschien. Er lässt seinen Helden auf der Flucht in die Hände der Räuber fallen. Aber noch einige andere Aenderungen nimmt Lesage vor. Die Asturianerin reist nicht allein, sondern sie wird von ihrem ihr eben angetrauten Gatten begleitet. Dieser sucht bei der Drohung des Maultiertreibers, die Reisenden wegen des (von ihm vorgegebenen) Diebstahls beim Alcalden zu verklagen, sogleich das Weite und lässt seine Frau im Stiche. Lesage führt ihn in die Erzählung ein, um über ihn den Scherz machen zu können: ».... et le jeune bourgeois d'Astorga ...., se sauva comme un autre Enée, sans s'embarasser de sa femme.« Dann wird der Maultiertreiber für sein Vergehen wirklich bestraft. Hier denkt also der Franzose anders als der Spanier. In der That verdient die gemeine Handlungsweise des Maultiertreibers die Peitsche und nicht einen sanften Verweis.

§ 4.

Das sechzehnte Kapitel des ersten Buches »Qui fait voir qu'on ne doit pas compter sur la prospérité« ist der Erzählung im Obregon, Rel. III, Desc. 8, nachgeahmt.

Obregon hat von dem Herrn Aurelio als Lohn für den guten Dienst, den er ihm erwiesen, ein kostbares Juwel und eine ziemliche Summe Geldes erhalten. Er kommt damit nach Venedig. Als er in seinem Gasthause bei der Mittagsmahlzeit sitzt, wird er benachrichtigt, dass eine vornehme Dame in einer Sänfte draussen auf ihn warte und ihn zu sprechen wünsche. Diese nennt sich Señora Camilla und giebt vor, die Schwester Aurelio's zu sein. Ihr Bruder habe ihr geschrieben, sie solle Obregon, solange er in Venedig weile, aufnehmen und bewirten. Obregon glaubt ihr und wird von der Betrügerin glänzend bewirtet. Sie schenkt ihm einen Koffer, in den er seine Papiere und Wertsachen legen soll. Obregon übergiebt denselben seiner Gastgeberin zur Aufbewahrung. Am folgenden Tage entschuldigt Camilla sich, dass sie ihrem Gaste nicht Gesellschaft leisten könne, weil sie eine Kranke besuchen müsse. Als sie aber auch am folgenden Tage nicht wieder erscheint, schöpft Obregon Verdacht. Er erkundigt sich bei den Dienern nach Camilla und erfährt, dass er einer Betrügerin in die Hände gefallen ist. Um sein Hab und Gut wieder zu erlangen, wendet er folgende List an. Er bittet einen Diener, von dem er gemerkt hat, dass er mit Camilla im Einverständnis ist, ihm von seiner Herrin den Koffer zu holen. Er habe einen Wechsel über zweihundert Thaler, den er sich von einem Bankier ausbezahlen lassen wolle, und brauche dazu seine Papiere, um seine Identität nachzuweisen. Camilla hofft, auch diese Summe dem Obregon abzulisten, und schickt ihm seinen Koffer. So erlangt er sein Eigentum wieder (vgl. Anh. IV).

Auch über diese Stelle urteilt Tieck nicht (Bd. II, Anm. 16). Lesage veränderte zunächst den Anfang, indem er Camille in Begleitung ihres Escudero und eines Mohrenknaben, der ihr die Schleppe trägt, in das Zimmer des Gil Blas eintreten lässt. Die Schilderung wird dadurch anschaulicher. Eine zweite, nicht unwesentliche Aenderung besteht darin, dass Lesage Rafael, den wir in einem späteren Teile der Geschichte als Erzschurken kennen lernen, als Bruder der Camille handelnd auftreten liess. Erweitert wird die Erzählung dadurch, dass die beiden Schurken Gil Blas vorspiegeln, sie besässen ein Schloss in der Nähe der Stadt. Gil Blas nimmt die Einladung, einige Tage mit seinen Gastgebern dort zu verleben, um so freudiger an, als Camille's schöne Augen und vielsagende Blicke ihn ganz berückt haben. Er lässt sich schliesslich von der Betrügerin seinen kostbaren Diamanten, den Doña Mencia ihm geschenkt hat, vom Finger ziehen und dafür einen Rubin, der sich nachher als wertlos erweist, aufstecken. Diesen will Camille von ihrem Onkel, »qui a été gouverneur dans les habitations que les Espagnols ont aux îles Philippines«, erhalten haben. Auch die Fortsetzung, nämlich die Wiedererlangung des Ringes, ist bei Lesage anders, als im Obregon. Gil Blas erlangt ihn durch Zufall wieder. Dies wird im fünften Kapitel des zweiten Buches erzählt: als Assistent des Doctor Sangrado wird er eines Tages zu der kranken Camille gerufen. Er erblickt das gestohlene Gut an ihrem Finger und weiss sich dasselbe mit Hülfe seines Freundes Fabrice durch eine List (Verkleidung als Alguacil) wiederzuverschaffen.

§ 5.

Im siebenten Kapitel des zweiten Buches des Gil Blas erzählt der »garçon barbier« seine Lebensgeschichte. Ein Teil derselben, das Liebesverhältnis der »dona Mergelina« mit dem Barbierburschen, ist aus dem Obregon Rel. I, Desc. 2 und 3 entnommen.

Obregon steht als Escudero im Dienste des Doctor Sagredo. Des Abends kommt gewöhnlich ein Barbierbursche zu ihm, der immer auf der Guitarre klimpert, »*nicht sowohl um seine Geschicklichkeit zu zeigen, als um durch die fortwährende Bewegung die Handgelenke etwas zu reiben, weil er an einer leichten Krätze leidet*«. Die Frau des Doctors, die señora Mergelina, verliebt sich in den Burschen und sucht sich ihn auf alle mögliche Art und Weise gefällig zu machen. »*Eines Abends trat er (der Bursche) klagend herein, denn man hatte ihm aus einem Fenster eine Unsauberkeit auf den Kopf geworfen; sogleich kam meine (Obregon's) Gebieterin aus ihrem Zimmer und stieg zu uns herab, um mir, während ich den Burschen abtrocknete, gerührt dabei zu helfen, worauf sie räucherte und die tausendmal verwünschte, die die Unart begangen hatten*«.

Obregon sucht sie vergebens von ihrer thörichten Liebe abzubringen. Eines Tages macht der Doctor einen Krankenbesuch in Caramanchel. Diese Gelegenheit will Mergelina benutzen, um zum Ziele ihrer Wünsche zu gelangen. Sie lässt den Jungen zu sich kommen. Aber kaum hat sie angefangen, sich mit ihm zu unterhalten, da kehrt der Doctor zurück. Der Bursche wird hinter einem Büchergestell versteckt. Mergelina setzt sich mit ihrem Gatten zum Abendessen. Da der Hund des Doctors merkt, dass sich jemand hinter dem Gestell befindet, fängt er an, daran zu kratzen und zu bellen. Der Doctor will nachsehen, was sich dort befinde, da eilt Obregon nach draussen und schreit in das Haus hinein, dass ihm Diebe seinen Mantel wegnehmen wollen. Der jähzornige Arzt reisst einen Degen von der Wand und stürzt aus der Thür, um die Diebe zu verfolgen. Als er zurückkehrt, ist der Bursche hinter dem Gestell hervorgekommen. Obregon giebt vor, dass die Diebe auch diesem armen Burschen den Mantel hätten stehlen wollen und dass er sich deshalb mit ihm zusammen in das Haus geflüchtet hätte. Auf Fürbitten der Mergelina behält der Doctor den Burschen bei sich und lässt ihn bei Obregon schlafen. Damit aber steckt Mergelina ihr Vorhaben noch nicht auf. Nachdem sie sich mit ihrem Gattten zu Bett begeben hat, ersinnt sie eine List, um zum Ziele ihrer Wünsche zu gelangen. »*Es schien ihr möglich, dass sie das Maultier losbinden und wieder in das Bett kommen könne, ehe ihr Mann erwache und aufstehe, um es wieder in den Stall zu bringen, und diese Zwischenzeit könne sie zu ihrem Vorhaben benutzen. Als sie daher sah, dass ihr Mann schlief, stand sie leise aus dem Bette auf, ging nach dem Stalle, band das Maultier los und wollte sich schnell zurückbegeben, bevor der Mann aufgewacht sei. Das Maultier schien aber mit ihm einverstanden, denn gleich sprang es, mit den Füssen trampelnd, aus dem Stalle, und alsbald hörte er es auch und sprang in demselben Augenblicke vom Bette auf, das Tier und den, der es ihm verkauft, zum Teufel wünschend; die Frau musste daher in den Stall hineinschlüpfen, um nur nicht ihrem Manne zu begegnen. Er ergriff eine tüchtige Gerte und schlug damit auf das Maultier los, das nach seinem engen Stall flüchtete und kaum Raum genug antraf, weil seine Gebieterin sich schon darin befand. Sie konnte sich wegen der Beschränkung nirgends anderswohin verbergen, als unter das Maultier selbst, sodass sie also˙ notwendig, da die Gerte sehr geschmeidig war, einen Teil der Schläge zugleich mit ihrem Körper auffing. Dem Burschen war indess durch die Bisse des Jagdhundes die Liebe ganz vertrieben worden*« (vgl. Anhang V).

Lesage nahm wesentliche Veränderungen in der Geschichte vor; zunächst die, dass nicht der Escudero, sondern der Barbierjunge erzählt. Ueberhaupt erzählen in dem französischen Roman die auftretenden Personen ihre eigenen, nicht fremde Erlebnisse. Dadurch gewinnt die Darstellung an Frische und Natürlichkeit. Der Roman wird psychologisch vertieft, indem wir einen Einblick in die Gedanken und Empfindungen seiner Helden erhalten. Lesage's Barbierbursche hat etwas mehr Männlichkeit als der im Obregon. Lesage nahm diese Aenderung vor einerseits um es glaubhaft zu machen, dass eine Frau sich in ihn verliebte, andererseits weil der Bursche sich in einem Selbsterlebnis keine allzu klägliche Rolle zuschreiben konnte. Die hauptsächlichste Aenderung besteht aber in der Vereinfachung der ganzen Handlung. Bei Espinel wird Mergelina an der Ausführung ihres Vorhabens zuerst durch die Ankunft ihres Mannes, dann durch das Maultier gehindert. Bei Lesage werden die beiden Liebenden gestört durch Pochen an der Hausthür. Darauf wird der Bursche nach Hause geschickt. Lesage wollte den alten, vernünftigen Escudero nicht soweit herabwürdigen, dass er ihn der Mergelina bei ihrem Vorhaben behülflich sein liess. Er nahm ihm deshalb den verfänglichen Teil seiner Rolle ab und übertrug sie der duègne Melancia. Diese Kupplerin schildert nun Lesage in ihrer ganzen Schlechtigkeit und Verschlagenheit.

An diese Erzählung fügt Lesage einen anderen Schluss an, den er allerdings ebenfalls dem Oberon entlehnt hat. Wir finden denselben in Rel. I, Desc. 21 in einem anderen Zusammenhange erzählt, nämlich: Obregon verliebt sich in Biscaya in eine Dame. Er soll sie des Abends besuchen. Es wird verabredet, dass er vor ihrem Fenster das Miauen einer Katze nachahmen soll, um sich zu erkennen zu geben. Als nun Obregon dies wirklich thut, glaubt ein Vorbeigehender, dass dort eine Katze miaue. Um sie zu verscheuchen, wirft er einen Stein in der Richtung und trifft den verliebten Obregon in die Seite. Dieser schleicht sich still von dannen (vgl. Anh. V[a]).

Tieck's Urteil über die Geschichte der Mergelina lautet folgendermassen (Bd. I, Anm. 19): »*Der junge Barbier erzählt sie dort selbst, mit wenig veränderten Umständen, die den Reiz der Novelle nicht erhöhen. Dass der Escudero, der alte Erfahrene, spricht, ist viel schicklicher.*« Ich hoffe im Vorhergehenden dieses Urteil widerlegt zu haben.

Nebenbei sei noch bemerkt, dass Lesage den Doctor Oloroso nennt und sich die Person des Sagredo aufbewahrt, um aus ihm seinen berühmten »Docteur Sangrado« zu schaffen. Wir können hier nicht auf den Streit eingehen, der darüber geführt worden ist, wen Lesage in Sangrado (den man besser Sangrador, der Schröpfer, nennen würde) verspottet hat. Ich verweise in Bezug darauf auf Neufchateau, a. a. O. S. IX, und Claretie, a. a. O. S. 367.

§ 6.

Im achten Kapitel des dritten Buches des Gil Blas fertigt Don Mathias de Silva einen Kartellträger mit einem Bonmot ab, das wir im Obregon Rel. I, Desc. 1 wiederfinden. »*Man soll keine Beleidigungen auf sich deuten, wenn sie nicht ganz offenbar geschehen, und auch diesen soll man ausbeugen, wenn es geschehen kann, indem man sich von Leidenschaftlichkeit frei zu erhalten sucht, und das Für und Wider ruhig überlegt, sowie es Don Gabriel Zapata machte, ein Ritter und feiner Hofmann, dem des Morgens früh um sechs Uhr ein anderer Ritter, mit welchem er am Abend vorher einen Wortwechsel gehabt hatte, eine Aufforderung schickte. Seine Bedienten, die da glaubten, es könne ein wichtiges Geschäft betreffen, weckten ihn, und als er das Blatt gelesen hatte, sagte er zu dem Ueberbringer: Meldet Eurem Herrn nur, dass ich selbst um Dinge, die mir das grösste Vergnügen machen, niemals vor 10 Uhr aufzustehen pflege, und er verlangt, dass ich so früh aufstehen soll, um mich umbringen zu lassen?«* (vgl. Anhang VI.)

Tieck giebt auch hier der spanischen Erzählung den Vorzug. Seine Anmerkung zu dieser Erzählung (Bd. I, Anm. 16) lautet nämlich: »*Scheint eine Anekdote zu sein, die sich wirklich zugetragen hat. Man findet sie im Gil Blas wieder, wo sie aber weniger unschuldig und heiter wirkt, da die Umstände ganz anders sind, und der Charakter des Ritters widerwärtig und gehässig erscheint.*« Zunächst wollen wir bemerken, dass die Erzählung im Obregon mit dem Vorhergehenden nicht in richtigem Zusammenhange steht. Es soll ein Vergleich sein, aber der Vergleich hinkt. Man merkt, dass der Verfasser dieses Bonmot auf jeden Fall erzählen wollte. Im Gil Blas dagegen passt es vollkommen in den Zusammenhang hinein. Die Anekdote soll in der Art und Weise, wie sie Espinel erzählt, der des Lesage vorzuziehen sein, weil sie hier weniger unschuldig und heiter wirke, da der Charakter des Ritters widerwärtig und gehässig erscheine. Ich meine doch, dass die Antwort gerade ebenso gut wirkt im Munde eines Menschen mit einem widerwärtigen Charakter.

§ 7.

Im ersten Kapitel des fünften Buches (»Histoire de Don Raphaël«) wird erzählt, wie Rafael mit seinen Gefährten von Korsaren gefangen genommen und nach Algier in die Sklaverei geführt wird. Diesen Teil der Geschichte Rafaels finden wir im Obregon Rel. II, Desc. 8 wieder. Auf der Fahrt von Alicante nach Majorca wird Rafael mit seinen Gefährten auf die öde Insel

Cabrera verschlagen. Hier sucht er mit einem Freunde nach einem grünen und kühlen Orte, um sich vor der drückenden Hitze zu schützen. Sie entdecken eine zauberische Höhle, die mit Geisblatt bewachsen ist. Unten rieselt klares Quellwasser im Sande dahin. In diese Höhle ziehen sie sich nun täglich zurück, um Ruhe zu halten. Eines Tages werden sie dort von Korsaren überrascht und gefangen nach Algier geführt. Die Erlebnisse auf der Fahrt und in Afrika werden bei Lesage anders erzählt, als im Obregon (vgl. Anh. VII).

Tieck spricht sich über diese Stelle folgendermassen aus (Bd. I, Anm. 39): „*Im Gil Blas (B. V, Kap. 1) legt Lesage in der Erzählung seines Lebens dem ganz verwilderten Don Rafael diese Begebenheit in den Mund.*" Dieser Ausdruck ist sehr vorsichtig, aber es soll doch wohl damit gesagt werden, dass Lesage einen Fehler beging, indem er die Begebenheit dem ganz verwilderten Rafael in den Mund legte. Hier sieht man recht deutlich, dass Tieck nicht unbefangen urteilt, denn es ist doch vollkommen gleich für den Wert der Erzählung, ob sie von einem mehr oder weniger verwilderten Picaro vorgetragen wird. Aber der Vorwurf kann Lesage hier gemacht werden, dass er das Original nicht nachgeahmt, sondern übersetzt hat.

§ 8.

Spuren des Einflusses, den der Obregon auf den Gil Blas ausgeübt hat, lassen sich auch noch an anderen Stellen, als den angeführten nachweisen.

1. Wir haben in § 5 schon kurz bemerkt, dass der Doctor Sagredo in Rel. I, Desc. IV als Vorbild für den Docteur Sangrado im zweiten Buche des Gil Blas, Kap. 3 ff. gedient hat.

2. Ferner bemerkt Tieck (Bd. I, Anm, 28), dass die Geschichte von der Gefangennahme des Gil Blas durch die Räuber (Bd. I, Kap. 3 u. 4) Aehnlichkeit habe mit der Erzählung des Espinel in Rel. I, Desc. XIV, wie dieser einmal in seiner Jugend Räubern in die Hände gefallen sei und sich nur durch seine Schlauheit befreit habe.

Ich möchte noch auf folgende Aehnlichkeiten zwischen den beiden Romanen hinweisen:

3. Gil Blas und Don Alphonse de Leyva flüchten sich vor einem heraufziehenden Gewitter in eine Eremitenklause. Hier erzählt Don Alphonse seine Lebensgeschichte. Der Eremit ent-

puppt sich schliesslich als ein alter Bekannter des Gil Blas, nämlich als der Erzschelm Rafael (vgl. Gil Blas, Bd. IV, Kap. 9). Diese Geschichte findet ihr Gegenstück in der Erzählung im Obregon Rel. I, Desc. 8. Hier entdeckt Obregon, dass der alte Einsiedler ein Bekannter ist, nämlich ein Soldat, der mit ihm zusammen in Flandern und Italien gedient hat.

4. In der »Histoire de don Roger de Rada« (Gil Blas, B. VIII, Kap. 8) wird erzählt, dass die Mutter des don Roger von einem verschmähten Liebhaber bei ihrem Gatten der Untreue verdächtigt wurde, und dass dieser ihr in seiner Wut einen Dolchstich versetzte. Aehnlich ist die Geschichte des Cornelio im Obregon, Rel. III, Desc. 7.

Ferner bin ich geneigt zu glauben, dass die Namen zweier Schurken, des Ambroïse (de Lamela) und des Morales aus dem Obregon entlehnt sind. In Rel. I, Desc. 20 wird von Espinel der Geschichtschreiber Ambrosio de Morales erwähnt. Diesen Namen müsste Lesage in zwei Teile zerlegt haben, um die Hälften unter die beiden Schurken zu verteilen. Ich weiss sehr wohl, dass der Name Morales in Spanien sehr gebräuchlich ist; so gab es z. B. einen berühmten Schauspieler dieses Namens. Aber wie Lesage so vieles Andere dem Obregon entlehnt hat, so könnte er auch wohl diese Namen daher genommen haben.

II. Das Verhältnis des Gil Blas zu Estevanillo Gonzalez.

§ 9.

Lesage hat auf den Roman Espinel's als eine Quelle des Gil Blas selbst hingewiesen, indem er den Marcos de Obregon in der »Histoire du garçon barbier« auftreten liess. Eine Hindeutung auf den zweiten Picaro-Roman, den er als Quelle benutzt hat, finden wir im achten Kapitel des neunten Buches (S. 507 der Ausgabe von Garnier frères). Lesage bemerkt über den Diener des Gil Blas, den getreuen Scipion: »Il y avait dans l'entretien de Scipion beaucoup de gaieté: on aurait pu le surnommer à juste titre le garçon de bonne humeur.« Diese Bemerkung enthält eine deutliche Anspielung auf den Estebanillo Gonzalez, den »hombre de buen humor.« Im Jahre 1646 erschien in Antwerpen der Roman »Vida y hechos de Estebanillo Gonzalez, hombre de buen humor, compuesto por el mismo.« Estebanillo Gonzalez, dessen Selbstbiographie das genannte Werk ist, stand lange im Dienste jenes Octavio Piccolomini, der uns Deutschen durch Schiller's Wallenstein so bekannt gemacht worden ist. Seine Reisen durch ganz Europa, seine Stellungen, bald als Koch auf einem Schiffe oder im Heere, bald als Courier, und seine Abenteuer werden in einer höchst ergötzlichen und urwüchsigen Sprache geschildert. (Vgl. Ticknor, a. a. O. II 223 f. und Tieck, Vorrede zu Obregon S. XII—XV.)

[Aus der oben angeführten Bemerkung im Gil Blas geht hervor, dass Lesage diesen Roman schon 1724 kannte — die Bemerkung steht im neunten Buche, und B. VII—IX erschien 1724. — Eine Uebersetzung, besser gesagt, eine sehr freie Bearbeitung des Romanes gab Lesage 1734 heraus. Dieses Jahr giebt Claretie a. a. O. S. 186 an. Er muss dies als völlig feststehend ansehen, da er einige wichtige Schlüsse daraus zieht. Ticknor giebt, allerdings nur mit Vorbehalt, als Erscheinungsjahr 1707, Bornhak in seiner franz. Littgesch. 1724 an.]

Scipio erzählt nun zwei Streiche (Gil Blas B. X Kap. 10, S. 570—73 und S. 573—79), die man bei Estebanillo Gonzalez im Capitulo II liest.

Estebanillo tritt in Palermo in den Dienst eines Sekretärs der Señora Doña Juana de Austria, der Tochter des berühmten Don Juan de Austria. Als er eines Tages vergessen hat, die Wäsche seines Herrn zu der Waschfrau zu bringen, erhält er für diese Unachtsamkeit »ein halbes Dutzend Ohrfeigen.« Bald darauf will der Sekretär nach Rom reisen und befiehlt zu diesem Zwecke seinem Diener, den Reisekoffer zu packen. Nachdem E. dies gethan hat, geht er aus, um einige Besorgungen zu machen. Er trifft einen Freund, un jornalero matante (einen sog. »bravo«) dem er erzählt, dass sein Herr ihn geohrfeigt habe. Dieser überredet Estebanillo, sich dafür zu rächen, indem er seinem Herrn den Koffer wegnähme. Er selbst wolle ihm dabei helfen. Als der Sekretär an dem Tage der Abfahrt zufälligerweise nicht zu Hause ist, wollen die beiden Picaros ihren Plan ausführen. Der Freund nimmt also den Koffer auf die Schulter. Aber in demselben Augenblicke als sie aus dem Hause heraustreten, kommt der Sekretär zurück. Der Freund wirft den Koffer auf die Erde und sucht das Weite. Estebanillo weiss sich dieses Mal durch allerlei Lügen vor Strafe zu bewahren, wird aber aus dem Dienste gejagt (vgl. Anhang VIII).

§ 10.

Estebanillo wandert nun herrenlos in den Strassen Palermo's umher. Er trifft seinen Freund wieder. Sie kommen an den Palast des Erzbischofs von Palermo. Da fällt dem E. plötzlich folgender Streich ein: Er eilt in den Palast und schreit dem ihm entgegenkommenden Oberkoch zu, dass man ihm (Estebanillo) den Mantel stehlen wolle. Der Koch nimmt ihn in Schutz, und da E. keine Stellung hat, so bleibt er als Küchenjunge im Dienste des Erzbischofs. Zur Feier des Namenstages seiner Eminenz wird die Komödie »Los Benavides« aufgeführt. E. soll dabei die Rolle des Königs von Leon spielen. Er tritt auf in einem kostbaren, mit Edelsteinen besetzten Gewande. Mitten in der Vorstellung verschwindet er damit. Es kommt nun in dem Schauspiele die Stelle, wo die Mohren den jungen König, der von der Jagd ermüdet im Walde eingeschlafen ist, gefangen nehmen sollten. Allgemeines Erstaunen, als E. nicht da ist. Man meldet dem Erzbischof, dass E. mit seinem Gewande verschwunden sei. Dieser antwortet: Er that sehr gut daran, vor den Feinden unseres Glaubens zu fliehen. Ohne Zweifel wird er sich nach seiner Residenz zurückgezogen haben und uns von dort das Kleid zurücksenden (vgl. Anh. IX).

Auf die Entlehnung dieser beiden Erzählungen hat schon Franceson hingewiesen. . Tieck behauptet (S. XXXII f. der Vorrede zum Obregon), die beiden Stellen seien wörtlich dem Estevanillo Gonzalez entnommen. Die Vergleichung der Texte ergiebt allerdings, dass Lesage sich nicht gescheut hat, ganze Sätze des Spaniers einfach zu übersetzen und in seinen Text einzufügen. Aber es muss doch auch bemerkt werden, dass Lesage einige Aenderungen vorgenommen hat. Zunächst in der ersten Geschichte. Der Herr des Estevanillo ist Sekretär bei Doña Juana de Austria; der Herr Scipio's ist ein gewerbsmässiger Spieler. In der spanischen Erzählung werden bildliche Ausdrücke sehr oft vom Kartenspiele hergenommen. So wird Estevanillo entlassen unter den Worten; »Señor Estevan Gonzalez, vuesa merced se vaya con Dios de mi casa, que no quiero en ella criados tan bien mandados, ni sirvientes tan puntuales, y que mas veces pequen de carta de mas, y otras de carta de menos.« Dies kann Lesage auf den Gedanken gebracht haben, den Herrn Scipio's, Don Abel, zu einem Spieler zu machen. In der zweiten Erzählung weicht Lesage in der Beschreibung der Küche des Erzbischofs von seiner Vorlage ab. Er wollte die Gelegenheit benutzen, das üppige Leben der geistlichen Herren zu geisseln. Ferner berichtet Estevanillo, wie er allerlei Mittel anwandte, um sein Gedächtnis frisch zu erhalten. Diese Erzählung fand Lesage zu abgeschmackt, er liess sie deshalb aus. Dagegen fügte er eine Scene ein, in welcher Scipio von seinem Freunde, dem »brave«, und dem Trödler gewaltig betrogen wird. Tieck's Urteil ist also zu berichtigen. Wenn Lesage einerseits ganze Sätze wörtlich herübernimmt, so verfügt er andererseits doch frei über den Stoff, indem er fortlässt oder hinzufügt, was ihm gut scheint.

Ausser diesen beiden Stellen sind im Gil Blas keine Entlehnungen aus dem Estevanillo Gonzalez nachzuweisen. Es liesse sich noch anführen, dass die Verspottung des Gongorismus im zwölften Kapitel des Estevanillo Gonzalez Lesage zu seiner Satire auf das Precieusentum, Veranlassung gegeben haben könnte. Aber dergleichen Satiren konnte Lesage ebensowohl in französischen als auch in anderen spanischen Werken jener Zeit finden.

III. **Das Verhältnis des Gil Blas zu den übrigen Picaro-Romanen.**

§ 11.

In dem in der Einleitung angeführten Aufsatze von Brunetière (Rev. d. d. Mondes vom 15. Mai 1883, S. 406) behauptet dieser, dass die Geschichte Scipio's (Gil Blas B. X, Kap. 10) sehr geschickt zusammengesetzt sei aus Fragmenten des Guzman de Alfarache und des Estevanillo Gonzalez. Die »Vida y hechos del picaro Guzman de Alfarache« Mateo Aleman's erschien zuerst Madrid 1599. Vgl. über diesen Roman Ticknor a. a. O. II, S. 212—17. Im vorigen Abschnitt haben wir gesehen, wieviel die Geschichte Scipio's dem Estevanillo Gonzalez verdankt. Bei einer Vergleichung des Gil Blas mit dem Guzman de Alfarache ergiebt sich, dass eine wirkliche Entlehnung überhaupt nicht nachzuweisen ist. Es wäre vielleicht möglich, dass Lesage einzelne Motive aus dem Guzman genommen habe. So erinnert

z. B. die Erzählung von Scipio's Dienste im Wirtshause zu Galves (Gil Blas Bd. X, Kap. 10, S. 566) an die Erlebnisse Guzman's beim Wirte in dem Dorfe Campanario. Auch die Katzenragouts werden schon im »Guzman« erwähnt. Aber die Umstände sind an den betreffenden Stellen jedesmal so verändert, und der Verlauf der Geschichte ist so verschieden, dass von einer Entlehnung nicht die Rede sein kann. Dass aber sogar Bruchstücke dieses Romans in die Geschichte Scipio's aufgenommen seien, lässt sich vollends nicht beweisen.

Lesage hat den »Guzmann de Alfarache« in das Französische übertragen. Diese Uebersetzung erschien nach Claretie 1732. Lesage ist in derselben dem Original im Allgemeinen ziemlich treu geblieben. Nur einzelne Erzählungen, z. B. die von den abgehauenen Händen, sind eingefügt. Es ist auffällig, dass der »Gil Blas« nicht von dem »Guzman de Alfarache« beeinflusst worden ist. Dass freilich in den neun ersten Büchern keine Entlehnungen zu finden sind, erklärt sich daraus, dass Lesage sich vor 1724 mit diesem Picaro-Roman vielleicht noch nicht beschäftigt hat.[1]

ZWEITES KAPITEL.
Beziehungen des Gil Blas-Romanes zu spanischen Dramen.

Als Lesage im Jahre 1715 die ersten sechs Bücher seines Gil Blas de Santillane herausgab, hatte er sich schon als Dramatiker einen Ruf erworben. Seine ersten Dramen waren spanischen Schauspielen nachgeahmt: »Le traître puni« der Comedia Francisco de Roxas' »La traicion busca al castigo«, »Don Félix de Mendoce« Lope de Vega's »Guardar y guardarse«, »Le point d'honneur« Francisco de Roxas' »No ay amigos para amigos«, »Don César Ursin« Calderon's »Peor esta que estaba«. Diese

---

[1] Ich habe noch die beiden mir erreichbaren Romane Lazarillo de Tormes und Don Pablo de Segovia durchgelesen, darin aber keine Uebereinstimmung mit irgend einer Stelle im Gil Blas entdecken können. Wenn Lesage ausser dem Obregon und dem Estevanillo Gonzalez noch einen der S. 15 angeführten Picaro-Romane etwas entlehnt hätte, so würde wohl Ticknor, der über sie sehr genaue Mitteilungen (Bd. II, S. 210—24) giebt, und der sich, wie wir schon bemerkt haben, sehr eingehend mit der Gil Blas-Frage beschäftigt hat, darauf aufmerksam gemacht haben.

vier Dramen erschienen von 1700—1707. 1707 veröffentlichte Lesage dann sein erstes Originaldrama, das Lustspiel »Crispin, rival de son maître«, und 1709 sein Meisterwerk auf dramatischem Gebiete, den »Turcaret«.[1])

In den Gil Blas hat Lesage an verschiedenen Stellen die Fabeln spanischer Schauspiele als Erzählungen eingeflochten. In der Geschichte der Aurore de Guzman (Bd. IV, Kap. 3—7) deutet der Dichter zweimal an, dass er hier eine »comédie« erzählt. Auf S. 198 sagt Gil Blas: Nous ne regardâmes donc plus cette entreprise téméraire que comme une comédie, dont il ne falloit songer qu'à bien concerter la représentation, und S. 237: Il fut résolu que nous partirions tous incessamment pour Madrid, où nous dénouerions notre comédie par un mariage. Der vielbelesene Tieck hat den Quellen Lesages nachgespürt und einige entdeckt. Er vermutete, dass folgende Stellen einer spanischen Comedia nacherzählt seien:

1. Die Geschichte des Juan de Castro (B. III, Kap. 7),
2. Die Geschichte der Aurore de Guzman (B. IV, Kap. 3-7),
3. Die Novelle: Le mariage de vengeance (B. IV, Kap 4),
4. Der Streich, den Rafael und Morales dem Herrn von Moyadas spielen (B. V, Kap. 1),
5. Die Liebesintrigue zwischen Rafael und der Dame Violante (B. V, Kap. 1 Ende),
6. Die Geschichte des Don Gaston de Cogollos (B. IX, Kap. 6).

Aber nur für drei dieser Stellen hat er die Vorlage aufgefunden. Im Nachtrag zur Vorrede des Marcos de Obregon finden wir

1. für die »Mariage de vengeance« die Comedia: »Casarse por vengarse« von Francisco de Roxas,
2. für die Geschichte der Aurore de Guzman die Comedia: »Todo es enredos amor« von Diego de Cordova y Figueroa,
3. für den Streich, den Raphael und Morales dem Herrn von Moyadas spielen, Matos Fragoso's: »La ocasion hace al ladron« als Quelle angegeben.

Auch Ticknor hat sich bemüht, den Quellen Lesage's nachzuforschen. Auf S. 368 Anm. 1 des zweiten Bandes seiner

---

[1]) Vgl. Hönncher: Die litterarische Satire Lesage's, in der Ztschr. f. nfz. Spr. u. Litt., Bd. VIII, S. 22 f.

Litteraturgeschichte giebt er, ausser den schon von Tieck aufgefundenen Komödien, Mendoza's: »Los empeños del mentir« als Quelle für das Abenteuer Rafaels an. Andere spanische Schauspiele sind meines Wissens bislang nicht als Quellen für den Gil Blas nachgewiesen. Wir wollen nunmehr durch Vergleichung der betreffenden Stellen im Gil Blas mit den Quellen feststellen, wie weit Lesage seinem Vorbilde in jedem einzelnen Falle gefolgt ist.

I. Die Beziehungen der Novelle: »Le mariage de vengeance« zu der Comedia: »Casarse por vengarse« von Francisco de Roxas.

§ 1.

Das vierte Kapitel des vierten Buches' im Gil Blas ist überschrieben: »Le Mariage de Vengeance. Nouvelle.« Der Inhalt ist kurz folgender: Auf ihrer Reise nach Salamanca wird Aurore de Guzman im Schlosse der dona Elvira de Pinarès gastfreundlich aufgenommen. Aurora sieht dort ein seltsames Gemälde und bittet Elvira, ihr dasselbe zu erklären. Das Gemälde stellt ein Ereignis aus Elvira's Familiengeschichte dar, welches sie in der Form der Novelle erzählt. Tieck weist auf die Quelle auf S. XLI im Nachtrag zur Vorrede des Obregon hin: *»Diese (die Novelle) ist ein verändertes spanisches Schauspiel, welches den Titel führt: Casarse por vengarse, wörtlich, wie im Französischen, so wenig hatte Lesage die Absicht, seine Quellen, aus welchen er schöpfte, zu verschütten, oder auch nur zu verleugnen. Es steht in einer Sammlung spanischer Komödien, die in Valencia erschienen, im 29. Bande, der schon 1636 gedruckt ist. — In dieser Sammlung wird obige Tragödie keinem geringeren, als dem Calderon, der damals schon berühmt war und einige seiner besten Werke gedichtet hatte, zugeschrieben. Ein späteres Verzeichnis nennt, und wohl mit mehr Recht, den Fr. Roxas als Verfasser, dessen Stil, wenn er sich dem Calderon auch nähert, doch weitschweifiger und matter ist.«* Ich habe dieses Schauspiel in einem Bande von zehn Einzeldrucken der Comedias des Francisco de Roxas gefunden, der Madrid 1793 erschienen ist. Ebenso befindet es sich nach dem Zeugnisse von Schack's (a. a. O. Bd. III, S. 295 f. Anm.) im ersten Bande der Dramen Roxas', die zu

Madrid 1640 erschienen. Schack hat Tieck's Vorrede gelesen (vgl. Bd. III, S. 318). Er spricht aber nicht über die Bemerkung Tieck's, dass er nicht gewiss sei, ob dieses Schauspiel wirklich dem Roxas zuzuschreiben ist. Er hält es für eines der besten Dramen Roxas'. Ticknor a. a. O. Bd. II, S. 64, Anm. 2 erwähnt von diesem Stücke nur, dass Lesage es benutzt hat. Es bedarf wohl nicht erst einer Untersuchung, ob »Casarse por vengarse« wirklich von Roxas geschrieben ist. In solchen Einzeldrucken spanischer Comedias, wie Tieck sie benutzte, sind die Verfasser oft falsch angegeben. Ueber Francisco de Roxas handelt sehr ausführlich von Schack a. a. O. Bd. III, S. 295—328. Eine Inhaltsangabe von »Casarse por vengarse« giebt uns sowohl Tieck als auch von Schack. Beide sind sehr ausführlich. Ich verweise deshalb auf sie.

§ 2.

Ein Vergleich der Novelle mit der Fabel des Schauspiels ergiebt, dass Lesage sehr viele Veränderungen vorgenommen hat. Tieck macht nur auf die Aenderung des Schlusses aufmerksam (S. L der Vorrede): »Den Schluss hat der Erzähler der Novelle geändert, was mich wundert, da diese einstürzende Wand in der Erzählung noch von mehr Wirkung ist, als auf dem Theater, wo dergleichen in das Lächerliche fallen kann. Diese Rücksicht der französischen Eleganz hat auch wohl den Lesage vermocht, lieber den Connetable soviel grausamer und wilder zu dichten, um nur die Thür keine Rolle spielen zu lassen.«

Vergleichen wir zunächst das Personal. Im spanischen Stücke kommen folgende Personen vor:

1. Enrique, rey (Bruder des Königs Rugero),
2. Roberto, ein Grosser des Reiches,
3. El Condestable,
4. Quatrin, der Gracioso,
5. Blanca, Roberto's Tochter,
6. La Reina (Rosaura),
7. Silvia (Vertraute der Blanca),
8. Criados,

bei Lesage:
1. Enrique (Neffe des Königs Roger),
2. Léontio Siffrédi, ein Grosser des Reiches,

3. Le Connétable,
4. Porcie, jüngere Tochter Siffrédi's,
5. Blanche, ältere Tochter Siffrédi's,
6. Constance, Tochter einer Schwester Roger's, Gemahlin Enrique's.
7. Nise (Vertraute der Blanche).

Bei Lesage ist Enrique der Neffe des Königs, nicht sein Bruder. Enrique ist einem Grossen des Reiches zur Erziehung übergeben worden, wir sollen uns ihn also als jungen Menschen vorstellen. Deshalb nahm Lesage diese Aenderung vor. Die übrigen Personen erhalten andere Namen. Dies ist Lesage's Gewohnheit bei allen Nachahmungen. Man könnte denken, dass er uns dadurch seine Quellen verbergen wollte, wenn er andererseits nicht immer deutlich auf dieselben hinwiese.

In der Wiedergabe der ersten Jornada sowie des Anfanges der zweiten folgt Lesage seinem Vorbilde sehr getreu. Von da ab aber ändert er die Erzählung.

In der Novelle findet der zweite Besuch Enrique's bei Blanche im Parke von Belmonte statt, wo ausser den beiden Liebenden nur Nise, die Dienerin und Vertraute der Blanche, zugegen ist. In der Comedia erfolgt dieser Besuch im Landhaus in Gegenwart des Condestable. Um sich mit Blanca ungestört unterhalten zu können, giebt der König ihm den Auftrag, Roberto zu suchen. Det Condestable kehrt zurück mit der Meldung, dass Roberto in dem Landhause nicht zu finden sei. Roberto kommt mit der Königin an. Es folgt eine Unterredung zwischen der Königin, Blanca und dem Condestable, die die Handlung nicht weiterbringt.

In der Comedia hat Enrique schon vor seinem Besuche auf dem Landhause erfahren, dass Blanca die Gattin des Condestable geworden ist. Bei Lesage wird Enrique erst durch Blanche selbst davon in Kenntnis gesetzt. Er gewinnt dadurch die Möglichkeit, eine ergreifende Scene zu schildern.

Bei Lesage verfällt Enrique erst nach der Unterhaltung mit Blanche im Parke auf den Gedanken, den Connétable verhaften zu lassen. Ferner fügt er eine Scene ein, in der Siffrédi den König um Aufklärung über sein Verhalten gegen den Connétable bittet, und die damit endigt, dass Enrique verspricht, den Connétable sofort frei zu lassen. Endlich erzählt Lesage uns noch, dass der

Connétable, nachdem ihm im Gefängnis der wirkliche Grund seiner Verhaftung offenbar geworden ist, aus der Haft entspringt, und sich in Belmonte versteckt, um Zeuge von des Königs Besuche bei Blanche zu sein. In der Comedia wird der Condestable nicht verhaftet, sondern es wird ihm nur angedroht. Lesage musste, weil er sich des Motivs der Verhaftung bediente, auch die daraus sich ergebenden Folgen, nämlich Siffrédi's Gespräch mit dem König und das Entspringen des Connétable aus der Haft mit aufnehmen.

In der folgenden Nacht sucht der König wieder eine Unterredung mit Blanche zu erlangen. Bei Lesage ist die Schilderung folgendermassen: Der König tritt durch die geheime Thür in Blanche's Zimmer ein. Er bittet sie, ihm wenigstens ihre Neigung zu bewahren. Sie erklärt, dies mit ihrer Ehre nicht vereinbaren zu können, und in der Erregung, die sich ihrer dabei bemächtigt, löscht sie zufällig das Licht aus. Sie geht hinaus, um ein anderes zu holen. Als sie wieder in das Zimmer tritt, fährt der König fort, auf sie einzureden. Da stürzt der Connétable mit blossem Schwerte herein, um sich an dem Könige zu rächen. Dieser zieht ebenfalls das Schwert. In dem Zweikampfe, der sich nun entspinnt, wird der Connétable tötlich verwundet. Blanche sucht ihm zu helfen, aber der eifersüchtige Gatte ersticht sie. — Im Folgenden wird dann der Zusammenhang dieser Geschichte mit derjenigen Elvira's klargelegt.

In der Comedia meint der König, dass der Condestable in Palermo sei. Er besucht deshalb Blanca in der Nacht. Bei der Unterredung geräth diese in eine solche Aufregung, dass sie die Hand, die sie dem Könige gereicht hat, an einem Lichte verbrennen will. Dabei löscht sie es aus Unvorsichtigkeit aus. Der König hört ein Geräusch und entfernt sich durch die geheime Thür. Blanca ruft eine Dienerin und befiehlt ihr, Licht zu bringen. Da sie meint, dass der König noch vor ihr steht, redet sie weiter. Der Condestable tritt herein, hört die Worte Blanca's und schöpft Verdacht, dass der König dort gewesen sei. Um sich zu vergewissern, schliesst er die Thüren und durchsucht das Haus, kann aber niemanden finden. Bei seiner Rückkehr in das Zimmer findet er auch seine Gemahlin nicht mehr dort: sie ist durch die geheime Thür in das Nebenzimmer gegangen. Sein Erstaunen wird immer grösser, als Roberto eintritt und auf dessen Rufen auch Blanca wieder erscheint. Damit endet die zweite Jornada.

In der dritten Jornada wird die Handlung durch verschiedene Wechselfälle aufgehalten, bis der Condestable die geheime Thür durch Zufall entdeckt. Dann erst tritt die Katastrophe ein. In dieser letzten Jornada spielt der König eine ganz unwürdige Rolle. Zunächst versteckt er sich vor einem seiner Unterthanen. Dann hilft er sich mit der Lüge aus der Verlegenheit, dass der Condestable im Verdacht stehe, sich gegen den König mit dessen Bruder verschworen zu haben. So konnte Lesage den König in seiner Novelle nicht schildern. Er zog es daher vor, die Katastrophe durch einen Zweikampf zwischen dem König und dem Connétable herbeizuführen. Nach der spanischen Auffassung der Unterthanentreue war das unmöglich.

Durch die Veränderung der zweiten Hälfte der Erzählung hat Lesage ihr ein ganz anderes Gepräge gegeben. In der Comedia wird Blanca allein das Opfer des grausigen Geschickes. In der französischen Erzählung endet die Familientragödie mit dem Tode zweier Menschen, denn der Connétable fällt als ein Opfer seiner Eifersucht, und eben diese Leidenschaft lässt ihn auch Blanche's Mörder werden.

Befriedigend ist der Schluss bei beiden nicht. Die Strafe hätte doch den König treffen müssen. Hätte er sich den Anordnungen des Siffréde (Roberto) widersetzt, so hätte er das ganze Unheil verhütet. Er trägt also die Hauptschuld. Dabei verspricht er am Schluss der Comedia, sich und Blanca zu rächen, während er bei Lesage Herr seiner Feinde wird und sich dann ruhigen Glückes erfreut.

II. Die Beziehungen der Geschichte der Aurore de Guzman zu der Comedia: »Todo es enredos amor«.

§ 3.

Im dritten, fünften und sechsten Kapitel des vierten Buches des Gil Blas erzählt Lesage die Geschichte der Aurore de Guzman. Tieck behauptet auf S. LIII der Vorrede zum Obregon, dass diese Erzählung fast ganz und gar aus einem Schauspiel des Diego de Cordova y Figueroa genommen ist, welches den Titel führt: Todo es enredos amor. Er hat es in einem Bande, der Madrid 1671 gedruckt ist, gefunden. In dem Inhaltsverzeichnis der grossen Sammlung spanischer Dramen, die unter dem Titel: »Comedias nuevas escogidas de los mejores ingenios de España« in Madrid 1652—1704 in 48 Bänden erschien, ist im 37. Bande (1671) Don Diego de Cordova y Figueroa als Verfasser dieser Comedia angegen. (Dieses Inhaltsverzeichnis ist abgedruckt bei von Schack a. a. O. Bd. III, S. 539 ff). Es ist ersichtlich, dass Tieck einen Band dieser Sammlung in Händen gehabt hat. Einem andern Dichter, nämlich Moreto, wird diese Comedia zugeschrieben in einer Sammlung von Einzeldrucken (36) der Dramen desselben, die sich auf der Kieler Universitätsbibliothek befinden. Die Comedia hat weder Jahreszahl noch Druckort und Druckerlaubnis. Druck und Papier sind sehr schlecht. Solche Einzeldrucke verdanken meistens buchhändlerischer Speculation ihr Entstehen. Es ist in diesen Ausgaben nicht nur der Text verderbt, sondern die Verleger waren oft gewissenlos genug, das Drama, das sie druckten, irgend einem berühmten Dichter zuzuschreiben. Deshalb sind diese Einzeldrucke in ihren Angaben bezüglich der Verfasser durchaus unzuverlässig. Die Angaben in der Sammlung der Comedias escogidas sind glaubwürdiger. Figueroa schrieb, meistens mit seinem Bruder zusammen, solche *Verkleidungsstücke* wie »Todo es enredos amor« (vgl. von Schack a. a. O. Bd. III, S. 405 f). Schaeffer in seiner Geschichte des spanischen National-Dramas Bd. II, S. 203 hat zu beweisen versucht, dass diese Comedia dem Figueroa und nicht dem Moreto zuzuschreiben sei. Stiefel in der Recension des Buches (Lttbl. f. g. u. r. Phil. 1896 No. 1) hält den Beweis für falsch und behauptet, Der Verfasser dieser Comedia sei vorerst nicht zu bestimmen.

Sehr viel Aehnlichkeit mit dieser Comedia hat in den Verwickelungen Montalvan's Schauspiel: »Doncella de labor« (vgl. über Juan Perez de Montalvan von Schack a. a. O. Bd. III, S. 540 ff und Schaeffer a. a. O. Bd. I, S. 441 ff). Bei einer Vergleichung der beiden Stücke ergiebt sich, dass sie in Beziehung zu einander stehen müssen. Da Montalvan schon 1638 starb, die beiden Figueroa's aber erst in der zweiten Hälfte des siebzehnten Jahrhunderts blühten, so müsste, wenn »Todo es enredos amor« dem Don Diego de Cordova y Figueroa zuzuschreiben ist, diese Comedia eine Nachahmung derjenigen Montalvan's sein. Dazu würde auch passen, was von Schak über die beiden Figueroa's sagt, nämlich, dass sich in ihren Stücken nur wenig Eigen-

tümlichkeit und selbständiges dichterisches Streben zeigt und
dass viele Reminiscenzen an frühere Stücke darin vorkommen.

§ 4.

Um einen Vergleich zwischen der Comedia und der Erzählung anstellen zu können, werde zunächst kurz der Inhalt des Schauspieles angegeben.

Erste Jornada.

Doña Elena de Guevara ist aus Madrid in Salamanca angekommen. Sie ist als Student verkleidet. Ihre Dienerin Juana, verkleidet als »gorron« (Diener eines Studenten) und ihr Escudero Ortiz bitten sie, ihnen endlich den Grund der Verkleidung und der Reise zu sagen. Elena erzählt nun Folgendes: Ihr Vater habe sie nach dem frühen Tode ihrer Mutter sehr streng erzogen. Vor sechs Jahren sei auch er gestorben. Sie hätte nun eines Tages in Madrid den Don Felix de Vargas gesehen und sich in ihn verliebt. Er studiere in Salamanca, wohne bei Doña Paula de Urrea und müsse, da die Ferien zu Ende wären, in diesen Tagen zurückkehren. Sie wolle sich ihm nähern und seine Liebe zu erwerben suchen. In ihrer Verkleidung nimmt sie den Namen Don Lope de Mendoza an und mietet bei der Doña Paula eine Wohnung neben der des Don Felix. Die redselige Dienerin Ines zeigt ihr die Zimmer und erzählt dabei, dass gegenüber der Doktor Contreras, Rechtsgelehrter an der Universität, mit seiner Tochter Manuela, die wegen ihrer Schönheit der »Fenix de Salamanca« genannt werde, wohne. Unter ihren vielen Bewerbern begünstige Manuela nur Don Felix de Vargas. Elena stellt sich als erste Aufgabe, den Felix von diesem Verhältnisse abzubringen. Sie ist noch mit dem Ersinnen von Plänen beschäftigt, da kommt eine Dienerin der Manuela in das Haus, um dem Felix ein Billet seiner Geliebten zu überbringen. Die Dienerin hält Elena in ihrer Verkleidung für Don Felix und übergiebt ihr den Brief. In demselben spricht Manuela die Erwartung aus, dass Don Felix sie sofort nach seiner Ankunft besuchen werde, um ihr das Gelübde der alten Liebe zu erneuern. Inzwischen kommt Don Felix de Vargas mit seinem Diener Tronera an. Er sucht sogleich seinen Zimmernachbarn auf, um ihm seine Aufwartung zu machen. (Scenenwechsel: Haus des Contreras.) Der Doktor spricht mit seiner Tochter über ihre bevorstehende Heirat mit Don Felix. Da treten ein Elena und Juana. Elena hat sich selbst als Dienstmädchen, Damiana, und Juana als Vermieterin, madre Cristina, verkleidet. Die letztere erzählt, sie sei lange Jahre Dienerin gewesen, zuletzt im Hause des Don Vincent de Vargas in Madrid. Sie habe den Dienst schliesslich aufgeben müssen wegen der tollen Streiche des Sohnes des Don Vincent, welcher in Madrid ein Mädchen verführt und es mit zwei unehelichen Kindern habe sitzen lassen. Die Contreras sind so erstaunt über diesen Bericht, dass sie beschliessen, die Heirat aufzuschieben. Damiana wird als Dienstmädchen angenommen. Sie hat viel unter den Bewerbungen des Fernando, des Bruders der Manuela, zu leiden.

Zweite Jornada.

Elena hat immer neue Pläne ersonnen, um zu ihrem Ziele zu gelangen. Sie hat auch eine Wohnung unten im Hause des Contreras mieten lassen, die mit der des Doktors durch eine geheime Thür in Verbindung steht. Unter dem Vorwande, dass sie die kranke »madre Cristina« besuchen müsse, entfernt sie sich des Abends aus dem Hause ihrer Herrin, zieht sich um und spielt dann bei Don Felix den Don Lope de Mendoza. Don Felix teilt ihr eines Tages mit, dass seine Geliebte ihn am Abend in seiner Wohnung besuchen werde. Dies ist natürlich Doña Manuela. Das Rendezvous wird gestört durch Juana, die, auf Elena's Anweisung, als vornehme Dame verkleidet eintritt und vorgiebt, eine frühere Geliebte des Don Felix zu sein und einen älteren Anspruch auf ihn zu besitzen. Durch das Gezeter der Juana werden Doña Paula, sowie der Doktor und Fernando herbeigerufen, die nun alle Felix mit Vorwürfen überhäufen. (Scenenwechsel: Haus des Contreras.) Elena erwartet als Damiana ihre Herrin. Diese tritt auf unter Verwünschungen gegen Don Felix. Juana stürzt in Studentenkleidung herein. Sie werde — erzählt sie — von einem Kavalier, mit dem sie in Streit geraten sei, verfolgt, man möge ihr ein Versteck zeigen. Damiana lässt sie aus der geheimen Thür, die mit der unteren Wohnung in Verbindung steht, folgt ihr und verkleidet sich selbst als Student. Felix tritt bei Manuela ein und wirft ihr vor, dass sie seinen Gegner verborgen habe. Sein Erstaunen ist gross, als dieser nun plötzlich in der Gestalt des Don Lope durch die geheime Thür eintritt. Lope erklärt, dass Manuela seine (Lope's) Geliebte sei und dass er sich mit Felix geschlagen habe. Nach dieser Aufklärung entfernt Elena (Lope) sich wieder durch die geheime Thür. Jetzt entfesselt sich die Eifersucht des Don Felix in heftigen Reden über Manuela's Treulosigkeit. In der dritten Jornada tritt nun die Heldin als Doña Elena de Guevara auf. Ortiz hat das Gerücht verbreiten müssen, dass Don Lope's Cousine, Elena, nach Salamanca gekommen sei. Don Felix besucht diese angebliche Verwandte seines Freundes Don Lope. Elena lässt ihn erst etwas warten. Ortiz unterrichtet ihn über die Verhältnisse seiner Herrin. Sie habe eine Abneigung gegen die Liebe. Es sei für ihre Gesundheit sogar gefährlich, von Liebe auch nur reden zu hören. Kaum ist Elena erschienen und hat einige Worte mit Felix gewechselt, da verrät dieser seiner Liebesglut in feurigen Reden. Elena fällt in Ohnmacht. Felix in Verzweiflung. Er entfernt sich, aber sein Diener Tronera, der Verdacht geschöpft hat, versteckt sich im Zimmer. Elena kleidet sich um und erzählt dabei ihrer Dienerin Juana, was sie bislang erreicht hat. Tronera belauscht ihre Unterhaltung. Doña Paula, Manuela, Contreras und Fernando kommen, um Elena zu besuchen. Sie sind erstaunt über die Aehnlichkeit zwischen Elena, Don Lope und Damiana. Nach kurzer Zeit tritt auch Felix herein. Als Juana und Ortiz diesem einen Stuhl bringen wollen, entdecken sie Tronera. Dieser wird aus seinem Verstecke hervorgezogen und enthüllt nun Elena's Ränke. Unter allgemeiner Zustimmung reicht Elena dem Felix die Hand zum Ehebunde.

Vergleichen wir das Personal der spanischen Comedia mit dem der französischen Erzählung, so ist zu bemerken, dass Lesage keine bedeutenden Aenderungen vorgenommen hat. Einzelne Nebenpersonen wie Ines, die Dienerin der Doña Paula, und Fernando, der Bruder Manuela's, sind gestrichen. Contreras wird als Doctor Murcia de la Llana[1]) wohl genannt,

---

[1]) Hier können wir beobachten, wie Lesage bei seinen Namensänderungen verfährt. Er giebt seinen Personen fast immer andere Namen, als sie im Original führen. Im Allgemeinen können wir nicht feststellen, woher Lesage diese genommen hat. Hier aber sind wir zufälliger Weise dazu im Stande. In der Madrider Ausgabe des Marcos de Obregon vom J. 1657, die Lesage doch jedenfalls benutzt hat, ist die ›tassa‹ (Festsetzung des Preises eines Buches durch die Behörde) unterzeichnet von dem Licenciado Don Carlos Murcia de la Llana. Es liegt auf der Hand, dass Lesage den Namen dort gefunden hat.

greift aber nicht in die Handlung ein. Juana, die wir uns als jugendliche Dienerin zn denken haben und die in der Comedia eine Hauptrolle spielt, wird als »suivante« in Pagenkleidung nur einmal genannt. Für sie tritt Ortiz, der Escudero der Comedia, ein als »dame Ortiz« und übernimmt die Rolle einer »duègne«. Die Hauptpersonen nimmt Lesage unter verändertem Namen in seinen Roman auf. Doña Elena de Guevara heisst Aurore de Guzman, ihr Pseudonym ist Don Felix de Mendoce. Don Felix de Vargas wird zum Luis Pacheco, die Manuela zur Isabelle de la Llana, die Doña Paula de Urrea zur Bernarda Ramirez.

Die Handlung des Stückes ist von Lesage wesentlich geändert. Die Erzählung zerfällt in drei Teile, die sich von selbst ergeben:

1) Die Vorgeschichte der Aurore (Kap. 1—3),

2) De ce que fit Aurore de Guzman, lors qu'elle fut à Salamanque (Kap. 5), [Dieses Kapitel entspricht ungefähr der ersten Jornada und giebt die Exposition der Handlung, sowie den Anfang der Verwickelung.]

3) Quelles ruses Aurore mit en usage pour se faire aimer de don Luis Pacheco. [Dieses Kapitel entspricht der dritten Jornada.]

Die Vorgeschichte wird dreimal unterbrochen, erstens durch die Erzählung von der Enttäuschung des Gil Blas (S. 193 f.), dann durch den Tod des Vaters der Aurore, des Don Vincent de Pacheco (S. 196 f.), und endlich durch die Novelle: Le mariage de vengeance (im vierten Kapitel).

Die von Lesage vorgenommene Hauptänderung der Handlung besteht in deren Vereinfachung. Er macht es der Aurore etwas leichter, den Luis Pacheco von seiner alten Geliebten zu trennen, als Elena es gehabt hatte. Während es Elena erst am Schlusse der zweiten Jornada gelingt, Don Felix und Manuela ernstlich zu entzweien, wird Luis Pacheco von seiner Liebe zu Isabelle sofort geheilt, als Gil Blas ihm die Antwort Isabelle's überbringt. Bei dem französischen Verfasser werden überhaupt nur zwei Ränke geschmiedet, erstens verleitet Aurore den Luis Pacheco dazu, einen Schmähbrief an Isabelle zu schreiben (Kap. 5), zweitens tritt Elena als Nichte des Don Felix (ihres Pseudonyms) auf (Kap. 6). Die Intrigue, dass Elena sich als Dienstmädchen bei Manuela verdingt, und damit die ganze Rolle der Juana als

»madre Cristina« mit ihren Verleumdungen des Don Felix, sowie deren vorgegebene Krankheit, ist fortgelassen. Bei dem spanischen Dichter verkehrt Don Lope im Hause des Contreras, welcher wieder Beziehungen zu der Doña Paula hat, sodass auch sie eine Rolle übernimmt. Diese Bekanntschaften, die das Intriguenstück um so bunter machen, hat Lesage gestrichen. Die Rolle der Juana, soweit sie überhaupt von dem Franzosen aufgenommen ist, erhält Gil Blas. Der Diener Tronera entdeckt schliesslich die Schliche der Elena, während Aurore sich selbst zu erkennen giebt. Der Escudero Ortiz warnt Don Felix davor, mit Elena über die Liebe zu sprechen. Als Felix es trotzdem thut, fällt Elena in Ohnmacht. Dieses Motiv würde den Lesern des Romans zu abgeschmackt erschienen sein. Deshalb liess Lesage es fort. Die Rolle des Escudero passte nicht für französische Verhältnisse. Lesage führte statt dessen die Tante der Elena, die Kimena de Guzman, ein.

All diese Aenderungen bewirken, dass die Hauptheldin Isabelle in einem ganz anderen Lichte erscheint, als Elena, und dass die Erzählung in ihren Grundzügen von der Comedia sehr verschieden ist.

III. Die Beziehungen der Erzählung Rafaels im ersten Kapitel des fünften Buches — das Abenteuer des Don Raphaël mit dem Herrn von Moyadas — zu Moreto's, »La ocasion hace al ladron« und Mendoza's, »Los empeños del mentir«.

§ 5.

Im ersten Kapitel des fünften Buches des Gil Blas (S. 275 bis 285) wird erzählt, wie Don Raphaël und Morales die Mitgift der Florentine de Moyadas zu erschleichen suchen. Tieck hat eifrig nach der Quelle dieser Erzählung gesucht. Auf S. XXIX der Vorrede zum Obregon teilt er uns mit, dass er dieselbe Begebenheit in einer spanischen Komödie gelesen habe, deren Titel er jedoch nicht wiederfinden könne. In dem Nachtrag zur Vorrede (S. LV) hat er die Notiz wieder entdeckt: »Der Umstand, wie er (Rafael) mit seinem Gefährten einen reichen Bürger betrügen will, indem er sich für den erwarteten Bräutigam der Tochter ausgiebt, ist ganz wie in einem Lustspiel des Matos Fragoso, »La ocasion hace al ladron«.[1]) Dieses witzige Lustspiel steht im 29. Bande jener Sammlung von 50 Teilen: Dieser Band ist 1667 gedruckt. In den Verzeichnissen spanischer Schauspiele wird eine Komödie mit demselben Titel dem berühmten Moreto zugeschrieben. Ich besitze diese ebenfalls, sie ist aber mit jener oben bezeichneten ein und dieselbe, und die Verzeichnisse schreiben sie wohl dem Moreto mit Unrecht zu.« Unter den schon oben S. 37 erwähnten Einzeldrucken von Moreto's Comedias auf der hiesigen Universitätsbibliothek befindet sich auch: »La ocasion hace al ladron, y el trueque de las maletas.« Dieses Stück wurde in Valencia 1763 gedruckt. Als Verfasser wird Moreto auch in von Schack's Litteraturgeschichte angegeben. Schack spricht über sie zweimal im dritten Bande, S. 330 und S. 352 und sucht zu beweisen, dass »La ocasion hace al ladron« eine Nachahmung der »Villana de Ballecas« von Tirso de Molina sei. Er benutzt gerade dieses Stück, um Moreto's Arbeitsweise zu veranschaulichen; es muss also nach von Schack's Meinung sicher von Moreto sein. Dass dieser Litterarhistoriker auch die Gil Blas-Frage kennt, geht aus verschiedenen Bemerkungen, z. B. Bd. III S. 313, hervor. Er hat jedenfalls auch Tieck's Abhandlung gelesen. Die Angabe über den Verfasser von »La ocasion hace al ladron« müsste ihm aufgefallen sein. Auch im Inhaltsverzeichnis der Comedias escogidas, das von Schack als Anhang im dritten Bande abdruckt, finden wir Tieck's Angabe, dass Matos Fragoso der Verfasser dieser Comedia sei (vgl. Bd. XXVII), bestätigt. Trotzdem berührt von Schack diese Frage nicht. Ebenso schreibt Schaeffer a. a. O. Bd. II S. 173 dies Drama ohne Weiteres Moreto zu. Bei Tichnor finden wir »La ocasion hace al ladron« weder unter Moreto noch unter Matos Fragoso angeführt. Ich selbst kann mit den mir zur Verfügung stehenden Hülfsmitteln den Verfasser nicht feststellen.

§ 6.

Um Tieck's Behauptungen prüfen zu können, soll hier zunächst kurz der Inhalt von »La ocasion hace al ladron« angegeben werden:

Erste Jornada.

Don Manuel de Herrera hat in Zamoro unter dem Namen Don Pedro de Mendoza die Schwester des Don Vicente Pacheco,

---

[1]) In dem Text steht nicht hace, sonder kace; offenbar ein Druckfehler.

Violante, verführt und hat sie dann verlassen. Auf seinem Wege nach Madrid speist er in einem Wirtshaus in Arganda mit einem Kavalier, der aus Mexico nach Spanien gekommen ist, um die Tochter eines Studienfreundes seines Vaters, des Don Gomez Peralta, zu heiraten. Dieser Kavalier ist der wirkliche Don Pedro de Mendoza. Nach beendetem Mahle trennen sie sich; dabei werden ihre Koffer verwechselt.

Zweite Jornada.

Der falsche Don Pedro kommt in die Nähe von Madrid. Er hat Gelegenheit, dem Don Gomez Peralta bei einem Unglücke (Wagensturz) behülflich zu sein. Don Gomez fragt nach dem Namen seines Helfers. Don Manuel nennt sich Don Pedro de Mendoza. Don Gomez hält ihn für seinen erwarteten Schwiegersohn und ladet ihn in sein Haus. Da Serafina, Gomez' Tochter, dem Manuel sehr gefällt, so nimmt er die Einladung an und spielt nun den Bräutigam Serafina's. Bald darauf kommt der wirkliche Don Pedro an. Don Gomez hält ihn für einen Betrüger und weist ihm die Thür.

Inzwischen ist auch Don Vicente Pacheco auf der Suche nach dem Verführer seiner Schwester in Madrid angelangt. Zugleich trifft Violante, die sich ohne Wissen ihres Bruders aus dem Hause entfernt hat und als Student verkleidet ihren früheren Geliebten sucht, dort ein. Don Vicente trifft den wirklichen Don Pedro, erfährt seinen Namen und zwingt ihn, da er ihn für Don Pedro, den Verführer seiner Schwester hält, zum Zweikampfe. Die Polizei trennt sie und verhaftet den Don Pedro.

Dritte Jornada.

Jetzt folgen die sonderbarsten Verwickelungen. Doña Violante, die erfahren hat, dass ihr Geliebter nicht Don Pedro, sondern Don Manuel heisst und dass er sich bei Don Gomez für den erwarteten Bräutigam Serafina's ausgegeben hat, weiss durch die verschiedenartigsten Vorspiegelungen den wirklichen Don Pedro aus dem Gefängnisse zu befreien und Serafina über den Betrug Don Manuel's aufzuklären. Ihr früherer Geliebter kehrt zu ihr zurück, und Don Pedro heiratet Serafina.

Diese Comedia und die Erzählung Lesage's sind nur in dem Leitmotiv einander ähnlich. Ein junger Mann giebt sich bei einem reichen Bürger für den erwarteten Bräutigam seiner Tochter aus, aber die Ankunft des wirklichen Bräutigams vereitelt seinen Streich. Alle Nebenumstände sind verschieden.

§ 7.

Eine andere Quelle für diese Erzählung hat Ticknor angegeben. In dem Abschnitte über Padre Isla nimmt er Veranlassung, seine Ansicht über die Gil Blas-Frage auszusprechen (Vgl. Bd. II S. 365 ff.) Auf Seite 368 Anm. behauptet er, dieses Abenteuer sei Mendoza's: »Los empeños del mentir« entnommen. [Eine Ausgabe der Gesammtwerke des Don Antonio Hurtado de Mendoza (Madrid 1728) befindet sich auf der Königl. Bibl. in Berlin. Vgl. über Mendoza: Ticknor a. a. O. Bd. I, S. 679 und von Schack a. a. O. Bd. III S. 376—79.] Ticknor verweist in derselben Anmerkung auf Tieck's Vorrede zum Obregon. Es scheint ihm jedoch nicht aufgefallen zu sein, dass dort eine andere Quelle für die Erzählung Rafaels angegeben wird. Wenigstens bemerkt er es nicht. Es liegt nun auf der Hand, dass Lesage Mendoza's Stück benutzt hat, und zwar ist er hier dem Original getreuer gefolgt, als er es sonst zu thun pflegt. Eine Inhaltsangabe der Comedia wird das bestätigen:

Erste Jornada.

Marcelo und Teodoro treffen in Madrid ein. Sie beschliessen, sich ihren Lebensunterhalt durch Spitzbubenstreiche zu erwerben. Kaum haben sie den Staub der Reise von ihren Schuhen geschüttelt, als sich schon Gelegenheit zu einem Streiche bietet. Don Diego de Guzman kommt ihnen in den Weg im Kampfe mit drei Strassenräubern. Marcelo und Teodoro springen ihm bei und schlagen die Angreifer in die Flucht. Auf Verlangen seiner Helfer erzählt nun Diego seine Geschichte. Er stamme aus dem berühmten Geschlecht der Guzmans. Sein Bruder Don Pedro Tello sei kürzlich gestorben. Als Marcelo dies vernimmt, stellt er sich, als ob er durch die Nachricht tief betroffen werde. Auf die Frage Diego's, ob er den Don Pedro gekannt habe, fängt Marcelo an, den Tod seines Freundes Pedro zu beklagen. Diego erzählt dann weiter, seine Schwester Doña Elvira habe sehr viele Bewerber. Aber sie könne keinen von ihnen erhören, weil sein Bruder noch vor seinem Tode sie einem gewissen Don Luis de Vivero aus Neapel bestimmt habe. Vivero habe sich ein Bild von Elvira zusenden lassen und sei jetzt auf dem Wege nach Madrid, um Elvira heimzuführen. Marcelo sagt, er sei Vivero und sei gerade aus Neapel angekommen. Den Teodoro zwingt er, die Rolle des Dieners zu übernehmen. Er befiehlt ihm, das Bild Elvira's aus dem Reisekoffer hervorzuholen, um zu beweisen, dass er wirklich Vivero sei. Teodoro kann den Befehl natürlich nicht ausführen. Marcelo stellt sich wütend. Teodoro, der die Pläne seines Genossen durchschaut hat, giebt vor, dass ihm Alles, was sie aus Neapel für Elvira mitgebracht hätten, unterwegs gestohlen sei. Als Marcelo sich wieder beruhigt hat, ladet Diego ihn in sein Haus. Es tritt auf Elvira mit ihrer Tante Doña Ana. Aus ihrem Gespräch vernehmen wir, dass Elvira sich noch nicht nach einem Manne sehnt und dass sie der bevorstehenden Ankunft des Don Luis de Vivero durchaus nicht als einem freudigen Ereignis entgegensieht. Dass ihre Rede aber nicht ganz aufrichtig ist, zeigt ihre Spannung auf das Aussehen ihres zukünftigen Gatten. Sie ist nun ganz enttäuscht, als Marcelo sich weder durch körperliche Schönheit, noch durch höfisches Benehmen auszeichnet. Ihr Unglück wird noch vergrössert dadurch, dass ihr Vater sie so schnell als möglich verheiraten will, und als Marcelo, um ihre Gunst zu erwerben, ihr von ungeheuren Schätzen und von unendlich grossen Gütern, die er in Italien besitzen will, vorschwindelt. Ganz empört über sein Betragen entfernt sie sich. Marcelo lässt seinen Zorn über den Misserfolg an Teodoro aus.

Zweite Jornada.

Marcelo und Teodoro im Streit. Es passt dem letzteren nicht, dass er sich als Diener schlecht behandeln lassen soll. Er will jetzt selbst die Rolle des Vivero spielen und vorgeben, er habe sich bislang für Marcelo's Diener ausgegeben, um Elvira auszuforschen. Durch die Drohung, er werde Marcelo's Streich aufdecken, falls dieser nicht einwillige, macht Teodoro seinen Genossen fügsam. Elvira tritt auf mit ihrer Dienerin. Sie hat beobachtet, dass Teodoro mehr Lebensart besitzt, als Marcelo, und spricht deshalb freundlich mit ihm. Teodoro wirft sich ihr zu Füssen und bekennt sich als Don Luis de Vivero. Weil ihm Alle glauben und der Heirat nichts mehr im Wege steht, will Diego sie schnell zu Stande bringen. Nur mit Mühe wird er von seiner Tochter überredet, noch etwas zu warten, damit sie ihren Bräutigam erst besser kennen lernen könne. Darauf belauscht Elvira die Schurken bei einem Gespräch über ihren Streich. Sie tritt aus ihrem Versteck hervor und überrascht die beiden. Aber mit schneller Geistesgegenwart zieht sich Teodoro aus der Verlegenheit, indem er sich für einen »Conde Fabio, hijo del noble Marques de Ditoldo« ausgiebt. Er habe ihr Bild gesehen und sich in sie verliebt und sei nach Spanien gekommen, um sie als Gattin heimzuführen. Elvira bezweifelt die Wahrheit dieser Aussage.

Dritte Jornada.

Der leichtgläubige Diego will Elvira überreden, der Erzählung des Teodoro Glauben zu schenken. Ihm kommt es durchaus wahrscheinlich vor, dass der Sohn eines neapolitanischen Grossen sich in das Bild seiner Tochter verliebt habe und ohne Wissen seines Vaters nach Spanien gereist sei, um hier um Elvira zu freien. Auf den Rat der Tante Elvira's werden die Papiere Teodoro's durchsucht. Es geht aus ihnen hervor, dass der Graf Güter in Apulien habe und mit vornehmen Familien in Beziehung stehe. Elvira glaubt nicht an Teodoro's vornehme Herkunft und nimmt sich vor, doppelt vorsichtig zu sein. Teodoro weiss indessen die Guzmans in dem Glauben, dass er wirklich ein Graf sei, noch zu bestärken, indem er Boten dingt, von denen der eine eine Einladung zu Hofe überbringt, der andere ein Anerbieten des Admirals an Teodoro, in spanische Dienste zu treten. Die beiden Schurken sind nun in dem festen Glauben, dass der Streich ihnen gelingen werde, — da wird durch die Ankunft des wirklichen Don Luis de Vivero die gegentheilige Entscheidung herbeigeführt. Teodoro lässt sich nicht aus der Fassung bringen, sondern will in Don Luis den Strassenräuber erkennen, der ihn in Catalonien beraubt habe. Alle Reden des Neapolitaners nützen nichts. Er wird durchsucht, ob er die Schmuckgegenstände und das Bild bei sich habe, die er dem Grafen gestohlen haben soll. Als sie vorgefunden werden, wird Don Luis gebunden und soll in das Gefängnis gebracht werden. Elvira will ihn aus dem Zimmer, in dem man ihn bis zur Ankunft der Polizei eingeschlossen hat, befreien. Vivero willigt nicht ein. Er will die Wahrheit an den Tag bringen. Elvira geht fort, als sie Tedoro kommen sieht. Dieser giebt sich für den Bruder der Elvira aus und rät Vivero, schnell zu entfliehen, weil Elvira schon einem andern versprochen sei. Er selbst will ihm zur Flucht verhelfen. Vivero geht auch hierauf nicht ein. Als Teodoro so seinen Streich vereitelt sieht, wird er mutlos. Als dann die Diener des Don Luis ankommen, um die Identität ihres Herrn festzustellen, gesteht Teodoro alles ein. Den beiden Schurken wird verziehen. Elvira und Vivero, Tante Ana und Diego reichen sich die Hand zum Ehebunde, nur die Dienerin der Elvira geht leer aus.

Lesage hat an dieser Geschichte nur wenig geändert. Zunächst hat er den Umstand entfernt, dass Marcelo und Teodoro ihre Rollen tauschen. Diese Scene mag auf der Bühne sehr wirksam sein, in der Erzählung würde man sie als allzu unwahrscheinlich abweisen. Damit fällt also die erste Jornada hinweg. Ferner: Teodoro weiss die Gunst der Elvira nie so recht zu gewinnen, während Rafael sofort siegreich ist. Auch den Schluss hat Lesage etwas geändert. Bei ihm wird die Frechheit der beiden Schurken noch weiter getrieben. Erst die scharfen Augen des Alguacil bringen Rafael zum Verzicht auf seine Pläne, und nur durch die Dazwischenkunft des Herrn von Moyadas entgeht er mit seinem Genossen der Strafe. Das spanische Publicum würde nicht zufrieden gewesen sein, wenn nicht wenigstens die Heldinnen am Ende des Stückes verheiratet würden. Danach musste Mendoza seine Comedia einrichten. Lesage brauchte diese Bedingung nicht zu erfüllen.

In der von Tieck angegebenen Quelle ist, wie schon erwähnt, nur das Leitmotiv der französischen Erzählung ähnlich. Zunächst fehlt dem Stücke der picareske Charakter. Don Manuel de Herreras verfolgt nicht den Zweck, die Mitgift der Serafina zu erschleichen, sondern er sucht durch das Vorgeben, er sei der erwartete Bräutigam der Serafina, deren Hand zu erreichen.

Ob Lesage auch »La ocasion hace al ladron« gekannt hat, lässt sich nicht entscheiden. Zwar findet sich darin der Name Pacheco vor, den wir in der Geschichte der Aurore de Guzman (Abschnitt II) angetroffen haben, aber diese einzelne Thatsache kann nichts beweise.

Eine andere Frage sei hier noch kurz erwähnt, nämlich die, ob »Los empeños del mentir« und »La ocasion hace al ladron« vielleicht in irgend welchen Beziehungen zu einander stehen? Dann müsste »La ocasion hace al ladron« dem Stücke Mendoza's nachgeahmt sein. Denn die Erwähnung der Schlacht bei Nördlingen in »Los empeños del mentir« macht es wahrscheinlich, dass dieses Stück um 1634 geschrieben ist. (Vgl. auch Schaeffer a. a. O. Bd. I S. 410.) Dagegen wurde »La ocasion hace al ladron« 1665 oder 66 verfasst, wie von Schack a. a. O. Bd. III S. 37 nachgewiesen hat.

Tieck spricht auf S. LIII der Vorrede zum Obregon die Vermutung aus, dass auch die «Histoire de don Alphonse et de la belle Séraphine« im zehnten Kapitel des vierten Buches einer spanischen Komödie entlehnt sei. *»Von dieser reizenden Erzählung habe ich bis jetzt noch nicht das Schauspiel auffinden können; bin aber dafür auf das Original einer älteren spanischen Novelle gestossen, die späterhin ein dramatischer Dichter der Spanier wohl auch nur mag nachgeahmt haben. Es ist aber auch sehr möglich, dass Lesage gleich den Erzähler selbst benutzt hat. Im Spanischen heisst die Geschichte: Mas puede amor, que la sangre. Sie ist neu abgedruckt worden in der Coleccion de Novelas escogidas compuestas por los mejores ingenios espanoles. Madrid 1787 bis 91, 8 Bände, und rührt von Alonso del Castillo Solarza* (soll heissen Solorzano) *her. Lope erwähnt sehr rühmend seiner im achten Gesange des Laurel de Apolo. . . . . . — Lesage hat nur die erste Hälfte der Erzählung von seinem Vorgänger genau benutzt, nachher hat er andere Umstände hinzugefügt, die seiner Absicht bequemer waren.«* Ich habe mich vergebens bemüht, diese Novelle zu erlangen. Unter den Novellen von Solorzano auf der hiesigen Universitäts-Bibliothek, sowie auf der Königl. Bibliothek in Berlin befindet sie sich nicht. Sie besitzt indessen keine sonderliche Wichtigkeit für unsere Zwecke, denn es ist nicht abzusehen, dass die Vergleichung dieser Novelle mit der betreffenden Erzählung im Gil Blas unser anderweitig gewonnenes Urtheil über Lesage's Arbeitsweise ändern würde.

DRITTES KAPITEL.
Beziehungen des Gil Blas-Romanes zu anderen Dichtungen.

§ 8.

In den beiden vorhergehenden Kapiteln haben wir immer nachweisen können, dass Lesage die von ihm benutzte Quellenerzählung wirklich verwerthet hat. Anders steht es auf dem Gebiete, das wir jetzt betreten. Da haben wir es nur mit Aehnlichkeiten zu thun, und diese sind oft so gering, dass wir nicht sicher erkennen können, ob Lesage dem betreffenden Schriftsteller wirklich Stoffe oder Motive entlehnt hat. Die Ausführungen dieses letzten Kapitels haben deshalb für die Quellenforschung nur sehr geringen Wert und wir können es kurz abthun. Nicht nur spanische Schriftsteller soll — so behauptet man — Lesage ausgenutzt haben, sondern auch den Einfluss italienischer und französischer Werke auf den Gil Blas hat man nachzuweisen versucht.

Eugène Baret bemerkt in seiner Histoire de la littérature espagnole, S. 514, über die Erzählung im zweiten Kapitel des ersten Buches S. 7 f.: L' aventure avec un soldat estropié qui demande l'aumône en ajustant les passants avec son escopette, est trop caractéristique des mœurs de l' Espagne pour avoir été imaginée par un Français. Elle appartient en effet à Gonzalo de Cespedes, anteur d'un roman intitulé: Varia Fortuna del soldado Pindaro. (Vgl. über Cespedes Ticknor a. a. O. Bd. II, S. 233.) Aber schon Veckenstedt, a. a. O. S. 159, bemerkt, dass bei Baret »viel von Entlehnungen die Rede ist, welche, wenn wir die angeführten Stellen im Gil Blas mit den spanischen Werken vergleichen, oft mehr Aeusserlichkeiten und Zufälligkeiten betreffen, die sich einfach aus der Lage der Helden, der verwandten Schöpferkraft, dem ähnlichen Vorstellungskreise ergeben, als dass sie wirkliche Entlehnungen können genannt werden.«

§ 9.

Ebenso können wir nur von einer Aehnlichkeit sprechen, wenn wir die Schilderung der Räuberhöhle im Gil Blas (B. I Kap. 4—10) mit der bei dem Italiener Firenzuola vergleichen. Hierauf hat schon Franceson in seinem ersten Aufsatz (1823) hingewiesen. Firenzuola's Uebersetzung des »goldenen Esels« von Apulejus erschien unter dem Titel: Dell' asino d' oro di Apulejo, traslatato da Messer Agnolo Firenzuola, di Latino in Lingua Toscana. Ich möchte eher glauben, dass Lesage diese Schilderung einem spanischen Werke entnommen hat. Der Satz: *Après que les Maures se furent rendus maîtres de Grenade, de l'Aragon, et de presque toute l'Espagne, les chrétiens qui ne voulurent point subir le joug des infidèles prirent la fuite, et vinrent se cacher dans ce pays-ci, dans la Biscaye, et dans les Asturies, où le vaillant don Pélage s'étoit retiré* (B. I, Kap. 4, S. 17), deutet auf eine spanische Quelle hin. (Ueber Don Pelayo vgl. Ticknor a. a. O. Bd. II, S. 444.)

§ 10.

Tieck hat auch in französischen Werken nach Quellen des Gil Blas gesucht. Auf S. LV der Vorrede zum Obregon lesen wir: «Das Betragen des Rafael, nachdem er aus der Sklaverei nach Florenz gekommen ist, gegen den Grossherzog und dessen Geliebte [B. V, Kap. 1, S. 309 ff] ist ganz einem Stücke des Sieur d'Ouville (Bruder des Boisrobert) ähnlich. Dieser schrieb seine Trahisons d'Arbiran, 1637 (s. Hist. du Théâtre français) wahrscheinlich, wie die meisten seiner Schauspiele nach einem spanischen Originale.» Ein Exemplar der Tragicomédie: Les Trahizons d'Arbiran befindet sich auf der Bibliothek in Wolfenbüttel. Sie ist erschienen in Paris bei A. Courbé 1638. Bei Tieck wird 1637 als Jahr des Erscheinens nagegeben. Dies ist falsch. Am Ende des Buches ist das «Privilége du Roy», von Conrart unterzeichnet, abgedruckt. Es wurde am 23. Februar 1638 ausgestellt und das Buch erschien am 30. April 1638. Um zu beweisen, dass Tieck in diesem Falle eine falsche Behauptung aufgestellt hat, wollen wir kurz den Inhalt des Stückes angeben:

Akt I. Das Stück beginnt mit einer Scene zwischen Arbiran, dem Gaste Rodolphe's, des Fürsten von Salerno, und der Gemahlin des Fürsten, Léonide. Arbiran liebt Léonide und beschwört sie, ihm ihre Gunst zu schenken. Rodolphe hat sich in die Gattin eines seiner Kavaliere verliebt und bittet seinen Gast, ihm bei seinen Liebeswerbungen behülflich zu sein. Er will den Cléonte, den Gemahl seiner angebeteten Doralice, in Dienstangelegenheiten an den Hof des Königs in Neapel senden und in der Zwischenzeit Doralice verführen. Da Doralice schon lange durch die Werbungen des Fürsten belästigt wurde und seine Pläne durchschaut, so sucht sie ihren Gemahl von der Reise abzuhalten, aber vergebens. Sie hat nicht den Mut, ihrem Gemahl von den Nachstellungen des Fürsten Mitteilung zu machen.

Akt II. Da Arbiran von Léonide nicht erhört wird, so wendet er eine List an. Er sagt derselben, ihr Gemahl habe sich in Doralice verliebt. Um ungehindert seinen Neigungen nachgehen zu können, habe er beschlossen, Cléonte auf dem

Wege zum Hofe erdolchen zu lassen und sie selbst, Léonide, zu vergiften. Um die Wahrheit seiner Behauptung zu beweisen, will er Cléonte zurückberufen lassen. In der Nacht sollen dann Léonide und Cléonte ein Rendezvous des Rodolphe und der Doralice aus einem Versteck beobachten. Diese Zusammenkunft bringt Arbiran wirklich zu Stande, indem er der Doralice erzählt, Rodolphe habe die Absicht, sie in der Nacht mit Gewalt zu entführen. Sie solle ihm deshalb am Abend, wenn Rodolphe unter ihr Fenster käme, freundlich entgegenkommen und ihn auf den folgenden Tag vertrösten. Dadurch werde sie Zeit gewinnen, Massregeln gegen die Anschläge des Prinzen zu ergreifen.

Akt III. Arbiran führt Rodolphe unter das Fenster Doralicens. In ihrem Versteck hören Cléonte und Léonide, dass Doralice den Werbungen Rodolphe's entgegenkommt und sind so von der Wahrheit der Aussage Arbiran's überzeugt. Cléonte beschliesst, die Untreue seiner Gattin mit dem Tode zu bestrafen. Durch Arbiran überredet, wollen sich Cléonte und Léonide an Rodolphe rächen, indem sie dem Könige mitteilen, Rodolphe habe sich gegen den König verschworen. Sie schreiben einen diesbezüglichen Brief, den Arbiran selbst dem Könige überbringt. Da man ihm glaubt, werden Boten nach Salerno gesandt, die Rodolphe an den Hof führen sollen.

Akt IV. Wir werden in ein Gehölz in der Nähe Neapels versetzt. Cléonte tritt auf mit blutigem Dolche und teilt seinem Diener Mirande mit, dass er soeben die Untreue seiner Gattin mit dem Tode bestraft habe. Er habe sie in dieses Gehölz gelockt und erdolcht. Als sie sich entfernt haben, tragen Bauern Doralice über die Bühne. Wir erfahren, dass sie nicht getötet, sondern nur verwundet worden ist. Léonide hat indessen einen zweiten Brief an den König geschrieben, in welchem sie ihm mitteilt, dass Rodolphe bei seiner Abreise Waffen zu sich gesteckt habe, um den König zu ermorden. Der König zieht mit einem Gefolge Rodolphe entgegen, lässt ihn verhaften und in einen Kerker werfen, als er die Angaben der Léonide bestätigt findet.

Akt V. Zur Aburteilung Rodolphe's lässt der König auch Léonide an den Hof kommen. Er hat sie kaum gesehen, da verliebt er sich schon in sie. Léonide erwidert seine Liebe, will sich jedoch erst nach dem Tode ihres Gatten dem Könige hingeben. Arbiran sieht dadurch seine Pläne vereitelt und ersinnt eine neue List, um Léonide vom Könige zu trennen. Er erzählt demselben; Cléonte und Léonide hätten ein Liebesverhältnis mit einander. Cléonte habe deshalb seine Gemahlin umgebracht und mit Léonide zusammen die Anklageschrift gegen Rodolphe an den König gesandt. Der König lässt die beiden zur Rechtfertigung vor sich kommen. Léonide, die Arbiran's Ränke durchschaut hat, deckt nun alles auf, indem sie den König und Cléonte aus einem Versteck eine Unterhaltung zwischen ihr und Arbiran anhören lässt. Sie sagt dem Arbiran, sie wolle sich mit ihm (Arbiran) verbinden, wenn er vorher den König aus dem Wege schaffen würde. Arbiran verspricht es. Als der König hervortritt und der Schurke sich verraten sieht, beichtet er all seine Schandthaten. Jetzt findet sich auch Doralice wieder ein, die von ihrer Verwundung genesen ist. Arbiran soll für seine Verrätereien mit lebenslänglicher Kerkerhaft bestraft werden.

Der Grundgedanke der Erzählung bei Lesage ist folgender: Don Raphaël wird von dem Herzoge von Florenz beauftragt, die Gemahlin des Ministers Mascarini für ihn zu gewinnen. Don Raphaël wirbt für sich selbst und, als er verschmäht wird, sucht er sich dadurch zu rächen, dass er dem Gatten erzählt, seine Frau stehe mit dem Prinzen in einem Liebesverhältnis. Die falsche Anklage wird als solche erkannt und Don Raphaël aus Florenz verbannt. Wo ist hier die Aehnlichkeit mit der Erzählung bei Douville? Andererseits ist es freilich auffallend, dass sowohl bei Lesage als bei Douville in dieser Erzählung auf den Anschlag des Tarquinius gegen die Lucretia angespielt wird. Aber das ist wohl nur Zufall.

Aehnlichkeiten einzelner Stellen bei Lesage mit Erzählungen und Beschreibungen in französischen Dichtungen liessen sich bei einigem Suchen wohl noch mehrfach finden. So erinnert die Schilderung der petits-maîtres im dritten Kapitel des dritten Buches, und besonders die Beschreibung des Wucherers in demselben Kapitel, an Regnard's »Joueur«. Lesage musste dieses Lustspiel wohl kennen, da ja sein eigener Sohn, der unter die Schauspieler gegangen war, mit Erfolg die Hauptrollen in Regnard's Stücken spielte. [Auch ist anzunehmen, dass Regnard selbst ein Bekannter Lesage's war. Er teilte mit Lesage das gleiche Schicksal, als dieser 1707 seinen »Don César Ursin«, und Regnard seinen »Légataire universel« am Théâtre de la Foire aufführen lassen wollte, und die Aufführung durch eine Krankheit des Hauptdarstellers La Thorillière vereitelt wurde. Vgl. Einleitung zu den Œuvres de Regnard, Paris 1876, S. 86.] Es mag noch darauf hingewiesen werden, dass einzelne Erzählungen im Gil Blas Aehnlichkeit mit Erzählungen von Vorkommnissen in der damaligen französischen Gesellschaft haben. So hat schon Tieck bemerkt (S. XXXII der Einleitung zum Obregon), dass die Geschichte des Don Valerio im ersten Kapitel des achten Buches sehr viel Aehnlichkeit hat mit einer Erzählung über Ninon de l'Enclos. Für Claretie (a. a. O. S. 365 ff.) steht es fest, dass Lesage eben dieses Abenteuer novellistisch gestaltet hat.

Ebenso ist die Annahme statthaft, dass die Erzählung, im zehnten und elften Kapitel des neunten Buches, von dem Versuch des Herzogs von Lerma, den spanischen Thronfolger zur Ausschweifung zu verleiten und ihn dadurch ganz zum Spielball seiner Pläne zu machen, nur die novellistische Gestaltung eines Vorfalls sei, der uns in den Memoiren von Saint-Simon (Paris, Hachette, 1882, S. 129—32) erzählt wird. Nach Saint-Simon's Bericht machte der Herzog von Luxemburg denselben Versuch mit dem französischen Thronfolger. Das Volk sang noch lange Spottlieder auf dieses sonderbare Abenteuer.

Zum Schlusse sei noch auf zwei Quellen hingewiesen, welche allerdings streng genommen ausserhalb des Bereiches unserer Untersuchung liegen. Es sind nämlich Quellen, aus denen Lesage nicht für die Dichtung, sondern für die historische Erzählung schöpfte.

Als Quelle für die Geschichte des Grafen Olivares im zwölften Buche des Gil Blas, die treu den historischen Ereignissen nacherzählt ist, führt Claretie (a. a. O. S. 251) das Werk des Ministers eines italienischen Fürsten an, das 1660 zu Amsterdam unter dem Titel: »Relation de ce qui s'est passé en Espagne à la disgrâce du comte d'Olivarès« erschien. Mag immerhin Lesage einzelne Ausdrücke aus dem Bericht in seine Erzählung herübergenommen haben, so darf man doch um deswillen noch nicht von einer Entlehnung reden, wenigstens nicht in dem Sinne, in welchem man diesen Begriff aufzufassen gewohnt ist. Die gleiche

Bemerkung muss auch bezüglich einer zweiten angeblichen Quelle gemacht werden. Gil Blas erzählt (B. VIII, Kap. 6, S. 440) dem Herzog von Lerma in seiner Not eine indische Fabel, die er bei Pilpay[1]) oder irgend einem andern Fabelschreiber gelesen haben will. Ticknor bemerkt hierzu (a. a. O. Bd. I, S. 61, Anm. 5), dass die Fabel sich nicht in Bidpai's Sammlung finde, sondern in dem »Conde Lucanor« des Don Juan Manuel. Ich habe aber auch im »Conde Lucanor« (Biblioteca de Autores Españoles, Bd. 51) vergebens danach gesucht.

SCHLUSS.

Tieck kommt bei seinen Betrachtungen über die Gil Blas-Frage zu dem Schlusse, dass Lesage in seinem Roman wenig oder gar nichts erfunden habe. Wenn man die Stellen, für die bislang die Quellen nachgewiesen sind und die wir im Vorhergehenden untersucht haben, zusammenrechnet und sie mit dem Gesammtumfange des Romans vergleicht, so bleibt doch noch die grössere Hälfte der Erzählungen und Schilderungen als eigene Erfindung unseres Dichters übrig. Aber auch wenn für alle Erzählungen Vorlagen nachgewiesen würden — was sicher niemals geschehen wird —, so wäre Lesage doch immer noch nicht zu tadeln. Die Frage, ob einem Dichter Entlehnungen, die er sich gestattet, zum Vorwurf gereichen, hat schon von Schack bei Besprechung Calderons (a. a. O. Bd. III, S. 57 ff) eingehend behandelt und wir können uns deshalb auf ihn berufen:

„Ein Tadel könnte solche Entlehnungen, wie sie sich in den Werken der grössten Dichter aller Zeiten und Nationen nachweisen lassen, nur dann treffen, wenn sie sich als aus dem Mangel an eigenen Gedanken hervorgegangen zeigten, wenn der Autor sie nicht organisch in seine eigene Schöpfung zu verschmelzen gewusst hätte." (S. 59.)

Dieses Urteil würde für einen Spanier sicher auch Tieck unterschrieben haben, aber freilich, für den Franzosen will er es nicht gelten lassen.

---

[1]) Verderbte Namensform für Bidpai.

Als Gesammtergebnis unserer Untersuchung stellt sich also heraus, dass das von Tieck gefällte Urtheil keineswegs ausreichend begründet war. Ich glaube gezeigt zu haben, dass Lesage, wenn er auch mitunter seinen Vorgängern sehr treu gefolgt ist, im allgemeinen doch die entlehnten Stoffe immer so umarbeitete, dass sie mit seiner eigenen Dichtung in festen inneren Verband gesetzt wurden. Dadurch aber, das er über seinen Stoff vollkommen frei und selbständig verfügt, gewinnt Lesage den Anspruch, ebensowohl ein originaler Dichter genannt zu werden, wie etwa Corneille, der Dichter des »Cid« und des »Menteur«.

Anhang I.

(Marcos de Obregon [Ausgabe: Madrid, 1657] p. IV—V.)

Gil Blas au lecteur.

Deux écoliers allaient ensemble de Penafiel à Salamanque. Se sentant las et altérés, ils s'arrêtèrent au bord d'une fontaine qu'ils rencontrèrent sur leur chemin. Là, tandis qu'ils se délassaient après s'être désaltérés, ils aperçurent, par hasard, auprès d'eux, sur une pierre à fleur de terre, quelques mots déjà un peu effacés par le temps et par les pieds des troupeaux qu'on venait abreuver à cette fontaine. Ils jetèrent de l'eau sur la pierre pour la laver, et ils lurent ces paroles castillanes: »Aqui està encerrada el alma del licenciado Pedro Garcias: Ici est enfermée l'âme du licencié Pierre Garcias.«

Dos Estudiantes ivan a Salamanca desde Antequera, uno muy descuidado otro muy curioso: uno muy enemigo de trabajar, y saber: y otro muy vigilante escudriñador de la lengua Latina; y aunque muy diferentes en todas las cosas, en una eran iguales, que ambos eran pobres. Caminando una tarde del Verano por aquellos llanos, y vegas, pereciendo de sed, llegaron a un poço, donde auiendo refrescado, vieron una pequeña piedra, escrita en letras Goticas, ya medio borradas (por la antiguedad, y por los pies de las bestias que passauan, y beuian) que dezian dos vezes: Conditur unio, conditur unio, El que sabia poco, dixo: para que esculpio dos vezes una cosa este borracho? (que es de ignorantes ser arrojadizos.) El otro callò, que no se contentò cō la corteza, y dixo: Cansado estoy, y temo la sed, no quiero cansarme mas esta tarde. Pues quedaos como poltrō, dixo el otro. Quedose, y aviendo visto las letras, despues de aver limpiado la piedra, y descortezado el entĕdimiĕto, dixo: unio quiere dezir »union«, y unio quiere dezir perla preciosissima: quiero ver que secreto ay aqui, y apalancando lo mejor que pudo, alçò la piedra, donde hallò la union del amor de los dos enamorados de Antequera, y en el cuello della una perla mas gruessa que una nuez, con un collar, que le valiò quatro mil escudos: tornò a poner la piedra, y echò por otro camino.

Anhang ll.
(Marcos de Obregon, Blatt 49.)

S. 10.

Seigneur écolier, me dit-il, je viens d'apprendre que vous êtes le seigneur Gil Blas de Santillane, l'ornement d'Oviédo et le flambeau de la philosophie. Est-il bien possible que vous soyez ce savantissime, ce bel esprit dont la réputation est si grande en ce pays-ci? Vous ne

Fuime a mi posada, ò a la del meson del Potro, y puseme a comer lo que yo pude, que era dia de pescado, en sentandome a la mesa, llegòse cerca de mi un gran maleante, que los ay en Cordova muy finos, que devia ser vagamundo, y me oyò hablar en la Iglesia mayor, ò el diablo hablaua en èl, y dixome: señor soldado bien pensarà v. m. que no le han conocido: pues sepa que està su fama por acà esparcida muchos dios ha. Yo soy un poco vano, y no poco, creime lo, y le dixe: v. m. conoceme? Y el me respõdio: De nõbre, y fama muchos dias ha: y diziĕdo esto, sentose junto a mi,

savez pas, continua-t-il, en s'adressant à l'hôte et à l'hôtesse, vous ne savez pas ce que vous possédez; vous avez un trésor dans votre maison, vous voyez dans ce jeune homme la huitième merveille du monde.

y me dixo: v. m. se llama fulano, y es grã Latino, Poeta, y Musico. Desvanecime mucho, y cõbidelo, si queria comer: el no se hizo de rogar, y echò mano de un par de huevos y unos pezes, y comiolos: yo pedi mas, y el dixo: Señora huespeda (porque no posaua en aquella posada) no sabe v. m. lo que tiene en su casa; sepa, que es el mas habil moço que ay en toda la Andaluzia, a mi diome mas vanidad, y yo a èl mas comida, y dixo: como en esta Ciudad se crian siempre tan buenos ingenios, tienen noticia de todos los que ay buenos en toda esta comarca. V. m. no beve vino? No señor, respõdi yo. Haze mal, dixo èl, porque es ya hombrezito, y para caminos, y vẽtas, donde suele auer malas aguas, importa beuer vino fuera de ir v. m. à Salamanca, tierra frigidissima, donde un jarro de agua suele corromper a un hombre: el vino templado con agua, da esfuerço al coraçon, color al rostro, quita la melancolia, aliuia en el camino, da corage al mas cobarde, templa al hidalgo, y haze olvidar todos los pesares, tanto me dixo del vino, que me hizo traer de lo fino media açumbre, que èl beuiesse, que yo no me atrevi. Bevio el buen hombre, y torno a mis alabanças, y yo a oirlas de muy buena voluntad, y al sabor dellas a traer mas comida: tornò a bever, y a combidar a otros tan desengañados como èl, diziendo, que yo era un Alexandre: y mirando àzia mi, dixo: No me harto de ver a v. m. que v. m. es N. Aqui està un hidalgo, tan amigo de hombres de ingenio, que dara por ver en su casa a v. m. duziĕtos ducados. Ya yo no cabia en mi de hinchado con tantas alabanças, y acabando de comer, le preguntò, quien era aquel Cauallero. El dixo: Vamos a su casa, que quiero poner a v. m. con èl. Fuimos, y singuiendole aquellos amigos suyos, y del vino: y yendo por el barrio de San Pedro, topamos en una casa grande un hombre ciego, que parecia hombre principal, y riendose el bellacon, me dixo: Este es el hidalgo, que darà duzientos ducados por ver a v. m.

Anhang III.

(Marcos de Obregon, Blatt 52—53. Descanso dezimo.)

Fuimos caminãdo con el harriero, la mitad del camino al pie de la letra, y la otra como tercios de pescado. Quãdo al harriero se le antojaua, q̃ era moço teseçuelo, de cõdicion desapacible, enseñado a perder

S. 13.
Par la mort! s'écria-t-il, on m'a volé. J'avais dans un sac de cuir cent pistoles; il faut que je les retrouve. Je vais chez le juge du bourg, qui n'entend pas raillerie là-dessus, et vous allez tous avoir la question, jusqu'à ce que vous ayez confessé le crime et rendu l'argent.

el respeto a los estudiãtes novatos; y assi nos quiso hazer una burla en un pueblo peq̃ño, y en parte la hizo; lo uno por llevar sus mulos descansados; y lo otro, porq̃ pēso quedandose solo, derribar la fortaleza de una mugercita de buena gracia, que iva en nuestra compañia, destituyendola del arrimo, y apoyo, que lleuaua con cierto oficial, que se auia de casar con ella. Fingiò que le auian hurtado un çurron de dineros, y q̃ la justicia venia a prendernos a todos, para darnos tormento, hasta averiguar quien lo tenia, y jūto cō esto, jurò que nos auia de dexar en la carcel, y caminar con sus mulos lo que pudiesse, que para muchachos sin experiencia, qualquiera temor destos bastaua: creimoslo, como si fuera verdad averiguada, y encareciolo de manera, que nos hizo andar toda aquella noche (tras lo que auiamos caminado el dia antes) cinco, ò seys leguas, y no caminando, sino huyendo por dehessas y mōtañas, fuera de camino, sin guia, que nos pudiesse alumbrar por dōde ivamos, y èl se quedò riendo, importunando con requiebros, y mal lenguage a la pobre muger, sola y sin defensa; pero no le sucedio como pensaua porq̃ el ruido que èl auia hecho, auia sido por medio de un alguazilejo amigo suyo: y la muger como valerosa, despues de auerse defendido de la violēcia, que con ella quiso usar, tuvo modo como escabullirse dèl, y yēdose al Alcalde, le dixo con grandissima accion de palabras, y sentimiento, que aquel harriero auia hecho una estratagema, y maraña muy perniciosa, por aprovecharse della, y quitarle el remedio que cōsigo traia: creyòlo el buen hombre; assi por conocer la desverguença, y mal trato del harriero, como por atajar el daño, que à la pobre muger le podia suceder: y afeādole este caso, y la inhumanidad que auia usado con los estudiantes, le mandò que diesse fianças, que llevaria muy regalada à la muger, sin hazerle agrauio, ni ofensa, y que no le castigaua muy grauemente, por no desauiar la jornada a los estudiantes: y amonestole, que mirasse como procedia, porq̄ le castigaria con todo rigor, sin tener respeto a cosa alguna, si por el camino iva haziendo insolencias: y mādòle con esto que se auiasse muy de mañana, para recoger à los cansados, y hābrientos estudiantes.

Anhang IV.

(Marcos de Obregon, Blatt 189—191.)

S. 58.

Je suis, poursuivit-elle, cousine germaine de dona Mencia de Mosquera, qui vous a tant d'obligations. J'ai reçu ce matin une lettre de sa part. Elle me mande qu'ayant appris que vous alliez à Madrid, elle me prie de vous bien régaler, si vous passez par ici. Il y a deux heures que je parcours toute la ville.

Fuime a mi posada a la hora de comer, y apenas huue llegado, quando (auiendo comēçado la comida) me dixeron, que me buscaua una señora principal en una silla, diziendo: Donde està aqui un soldado Español: Vi, q̄ no auia otro, sino yo, leuantéme, y fuy a ver, q̄ me mandaua; vi salir una muger de la silla, de muy gētil talle, y muy hermosa, y no menos bien adereçada, cō muy grādes caricias, palabras dulces, y regaladas, me dio la biē venida, de que yo quedè dudoso, y cōfuso, entēdiēdo que realmēte me hablaua por otro, y assi le dixe: Señora, yo me hallo indino de tā grāde, y autorizada visita, como esta, suplicoos, que aduirtais bien, si soy a quien buscais. Ella respōdio cō alegre semblāte, echādome los braços al cuello: Señor soldado, biē sè, a quien busco, y a quien he hallado. Yo soy la señora Camila, hermana del señor Aurelio, de cuyas manos recibi a noche una carta, en que me manda, que os hospede, y regale, no como a segunda persona, sino como a la suya misma, todo el tiempo que gustaredes estar en Venecia. Yo respondi: Bien creo, que de un tan excelente

Vous viendrez, s'il vous plaît, dès ce moment loger chez moi, vous y serez plus commodément qu'ici.

Cauallero me ha de venir todo el bien del mundo, y comēçando por tan gallarda, y discreta señora, aurà de suceder todo bien. Ea pues, dixo ella, seguidme, que aūque toda esta mañana no he podido dar con vuestra posada, dexo mandado en la mia, que os tuuiessen adereçada la comida, como para tal persona. Y rehusādolo yo, por tener ya hecha la costa, dixo que auia de hazer por fuerça el mandamiento de su hermano: y assi pagando lo que deuia en la hosteria, me lleuò consigo, no dudādo yo en lo que dezia; pero fuy imaginando, si a caso seria traça de su hermano para executar en Venecia lo que no auia hecho en su caseria. Mas ella me lleuò con tanta blandura, y amor a su casa, que se me quitò qualquiera imaginacon, y sospecha. Entramos en una sala muy bien adereçada, donde hallè puesta la mesa con muchos, y muy escogidas mantenimiētos, en que me entreguè tan de buena gana, como lo auia menester; porque fuera de ser muy a gusto la comida, la partia, y repartia la señora Camila con aquellas argētadas manos, no cessādo de encarecer la voluntad, y fuerça, con que el señor Aurelio su hermano se lo auia mandado. Despues de auer comido, sacò una carta firmada de Aurelio,

en que dezia estas palabras:
Con cuidado me dexò un soldado Español, huesped mio, cuyas acciones descubriā, ser hombre principal, no le regalè como quisiera, si bien vuestra hermana, y mi esposa le embio al camino una bolsilla de ambar con cien escudos, y de su persona una Cruz de oro, rubies, y esmeraldas, que no pudo mas por aora, buscadle, dandole el hospedaje, y regalos, que a mi propia persona, sin dexarle gastar cosa alguna en todo el tiempo que estuviere en Venecia: y si huuiere de bolver acà, dadle lo necesario por el camino. Yo con las señas de la carta, acabè de enterarme, en creer, que era verdad, quanto la señora Camila me dezia, y los regalos recibidos, y los que auia de recibir, eran por cuenta de aquel gran Cauallero Aurelio. Dixome luego, que truxesse mi ropa ò maleta a su casa, porque en todo el tiempo que estuuiesse en Venecia, ni auia de comer, ni dormir fuera della, mi gastar sino a su costa. Halleme obligadissimo, y dixele, que yo no auia traido maleta, ni otra prenda, sino a mi persona gentil. Y ella mandò a una criada, que me truxesse un cofreçillo pequeño para darmele. Truxolo, que era labrado con toda la curiosidad

del mundo, diome la llave dèl, y dixo, que echasse alli mis papeles, y lo guardasse, porque en Venecia auia mucho peligro de ladrones: Holgueme de ver el cofrezillo, y encerrè dentro dèl mis papeles, y dineros, y la joya que ella se holgò mucho de ver, y le dio mil besos, por auer sido de su cuñado, a quien ella dixo que queria infinito. Echè la llave al cofrezito, y roguele que le guardasse. Ella dixo, que mejor estaria en mi poder, por si queria sacar dineros, aunque no los auia menester mientras estuviesse en Venecia. Yo le respondì, que para auerlos menester, ò no, mejor estauan en su poder que en el mio. Y alfin porfiando (aunque ella le escusò) le hize que me le guardasse. A la noche me tuvo muy gentil cena, autorizandola con su gallarda presencia, que realmente era muy hermosa. Passè aquella noche muy contento, por aver comido a costa de una tan gentil dama.

(Descanso nueve.)

En amaneciendo vino a visitarme, pregūtādome, como me avia hallado, y si auia menester alguna cosa, la pidiesse cō libertad, porq̄ ella iva a hazer una visita a una gran señora, y que si ella no tornaua a comer, ni en todo el dia parecio. Esperè hasta la noche, tampoco vino.

Anhang V.

(Marcos de Obregon, Blatt 7—12.)

S. 106.

Ce n'est pas que nous eussions des voix fort agréables; mais en raclant le boyau, nous chantions l'un et l'autre méthodiquement notre partie, et cela suffisait pour donner du plaisir aux personnes qui nous écoutaient. Nous divertissions particulièrement dona Mergelina, femme du Médecin; elle venait dans l'allée nous entendre, et nous obligeait quelquefois à recommencer les airs qui se trouvaient le plus de son goût.

Venia qasi todas las noches a visitarme un mocito barbero, conocido mio, que tenia bonita voz, y garganta: traia consigo una guitarra con que sentado al umbral de la puerta, cātaua algunas tonadillas, a que yo le llcuaua un mal contrabajo, pero bien concertado (q̄ no ay dos vozes, q̄ si entonan, y cantā verdad, no parezcā bien) de manera q̄ con el concierto, y la voz del moço, que era razonable, juntauamos la vezindad a oir nuestra armonia. El moçuelo tañia siempre la quitarra, no tāto por mostrar que lo sabia, como por rascarse con el movimiēto las muñecas de las manos, que tenia llenas de una farna perruna. Mi ama se ponia siempre a escuchar la musica en el corredorcillo, y el Doctor, como venia cansado de hazer sus visitas (aūque tenia pocas), no reparaua en la musica, ni en el cuidado, con que su muger se ponia a oirla. Como el moçuelo era continuo todas las noches en venir a cantar, si alguna faltaua, mi ama lo echaua menos, preguntaua por èl, con alguna demonstracion de gastar de su voz. Vino a parecerle tan bien el cantar, que quando el moçuelo subia un punto de voz, ella baxaua otro de grauedad, hasta llegar a los umbrales de la puerta, para oirle mas cerca las consonancias; que la musica instrumental de sala, tanto mas tiene de dulçura, y suavidad, quanto menos de vozeria, y ruido, que, como el juez, que es el oido, està muy cerca, percibe mejor, y mas atētamente, las especies, que embia al alma formadas cõ el plauso de la media voz. El moçuelo dexò de venir cinco ò seis noches, por no sè que remedio que tomaua para curarse, y las cosas que son muy ordinarias, en faltando, hazen mucha falta; y assi mi ama cada noche pregūtaua por èl. Yo le respõdì, mas por cortesia que por falta que èl hiziésse: Señora, esse moçuelo es oficial de un barbero, y como sirue, no puede siempre estar desocupado. Fuera de q̃ agora se està curādo un poquillo de sarna que tiene. Que hazeis (dixo ella) de aniquillarle y disminuirle, moçuelo barbero, sarna, pues afee, que no falta, quien con todas essas, que vos le poneis, le queria bien. Bien puedo ser (dixe yo) que el pobrecillo es humilde, y facil para lo que le quieren mandar; es cierto que muchas vezes le guardo yo de mi racion un bocadillo que cene, porque no

S. 111.

Je ne pus sortir de chez mon maître avant la nuit, qui, pour mes péchés, se trouva très obscure. Je marchais à tâtons dans la rue; et j'avais fait peut-être la moitié de mon chemin, lorsque d'une fenêtre on me coiffa d'une cassolette qui ne chatouillait point l'odorat.

S. 112. D'abord que cette dame sut mon aventure, et me vit tel que j'étais, elle me plaignit autant que si les plus grands malheurs me fussent arrivés: puis, apostrophant la personne qui m'avait accommodé de cette manière, elle lui donna mille malédictions. Eh! madame, lui dit Marcos, modérez vos transports; considérez que cet événement est un pur effet du hasard; il n'en faut point avoir un ressentiment si vif. Pourquoi, s'écria-t-elle avec emportement, pourquoi ne voulez-vous pas que je ressente vivement l'offense q'on a fait à ce petit l'agneau, à cette colombe sans fiel, qui ne se plaint pas de l'outrage qu'il a reçu? Ah, que ne suis-je homme en ce moment pour le venger!

S. 110.

Q'entends-je, lui dit l'écuyer en feignant d'être surpris de ce todas vezes ha cenado. En verdad (dixo ella) que a tan buena obra os ayude yo: y de alli adelante, siempre le tenia guardado un regalillo todas las noches q̃ venia; una de las quales entrò quexandose, porque de una ventana le auian arrojado no sè què desapacible a las narizes; a las quexas suyas saliò mi ama al corredor, y baxò al patio, estandose limpiando el moçuelo, y con grande piedad le ayudò a limpiar, y sahumò con una pastilla echado mil maldiciones a quien tal le auia parado. Fuesse el moçuelo con su trabajo, sintiendolo la señora doña Mergelina, tan llena de colera, como de piedad, y con harta mas demonstracion de la que yo quisiera, loando la paciencia del moçuelo, y agrauando la culpa de quien le auia salpicado, cõ tanto estremo, que me obligò a preguntarle, por què lo sentia tanto, siendo sucedido inaduertidamente, y sin malicia? A que me respõdio: No quereis que sienta ofensa hecha a un corderillo, como este? A una paloma sin hiel, a un mozito tan humilde, y apacible, que aun quexarse no sabe de una cosa tan mal hecha? Cierto, que quissiera ser hombre en este punto, para vengarle, y aun muger para regalarle y acariciarle. Señora (le dixe yo) què

discours, quel changement, ô ciel! Est-ce vous, qui me tenez ce langage? Et depuis quand êtes-vous si pitoyable et si sensible? Depuis, répondit-elle brusquement, depuis que vous demeurez dans cette maison, ou plutôt depuis que vous avez condamné mes manières dédaigneuses, et que vous vous êtes efforcé d'adoucir la rudesse de mes mœurs. Mais, hélas! ajouta-t-elle en s'attendrissant, j'ai passé de l'une à l'autre extrémité: d'altière et d'insensible que j'étais, je suis devenue trop douce et trop tendre.

S. 113.

Que me demandez-vous? répondit le viellard avec colère. Je n'ai eu que trop de complaisance pour vous. Je ne prétends point, pour satisfaire votre ardeur insensée, contribuer à déshonorer mon maître, à vous perdre de réputation et à me couvrir d'infamie, moi qui ai toujours passé pour un domestique d'une conduite irréprochable. J'aime mieux sortir de votre maison que d'y servir d'une manière si honteuse. Ah! Marcos, interrompit la dame tout effrayée de ces dernières paroles, vous me percez le cœur quand vous me parlez de vous retirer. Cruel, vous songez à m'abandonner après m'avoir

novedad es esta? Què mudāça de rigor en blandura? De quando acà piadosa? De quando acà blanda, y amorosa? Desde que vos (respondio ellà) venisteis a mi casa, que truxisteis este veneno enuelto (?) en una guitarra, desde que me reprehendisteis mis desdenes, desde que viendo mi bronca, y aspera condicion, quiese ver, si podia quedar en un medio licito, y honesto, y he venido de un estremo a otro: de aspera, y desdeñosa, a māsa, y amorosa: de desamorada y tibia a tierna de coraçon: de sacudida y soberuia a humilde, y apacible: de altiua, y desvanecida, a rendida, y sujeta. O pobre de mi (dixe yo) que agora me quedaua por lleuar una carga tan pesada como esta! Que culpa puedo yo tener en sus accidētes de V. m. ò què partes en sus inclinaciones? Ay quien sea superior en voluntades agenas? Ay quiē pueda ser Profeta en las cosas, que han de suceder a los gustos y apetitos! Pero pues por mi començo la culpa, por mi se atajarà el daño porque no venga a ser mayor, con hazer, que èl no buelva mas a esta casa, ò irme yo a otra; que si con la ocasion creciò lo que yo no pude pensar, cō atajarla tornaràn las colas à su principio. No lo digo (dixo

réduite dans l'état où je suis? Rendez-moi donc auparavant mon orgueil et cet esprit sauvage que vous m'avez ôté.

Mais, poursuivit-elle en pleurant, que dis-je, malheureuse? pourquoi vous faire d'injustes reproches? Non, mon père, vous n'êtes point l'auteur de mon infortune; c'est mon mauvais sort qui me préparait tant d'ennui. Ne prenez point garde, je vous en conjure, aux discours extravagants qui m'échappent. Hélas! ma passion me trouble l'esprit; ayez pitié de ma faiblesse; vous êtes toute ma consolation; et si ma vie vous est chère, ne me refusez point votre assistance.

ella) por tanto, padre de mi alma, que la culpa yo la tengo (si ay culpa en los actos de voluntad) no os enojeis por mis inaduertencias, que estoy en tiempo de hazer, y dezir muchas: antes os admirad de las pocas que vieredes, y oyeredes en mi: ni hagais lo q̃ aueis dicho, si quereis mi vida, como quereis mi honra: porque estoy en tiempo, que con poca mas contradicion, harè algun borron, que tizne mi reputacion, y la dexe mas negra que mi vĕtura: no estoy para que me desampareis, ni para admitir reprehension, sino para pedir socorro, y ayuda. Bien me deziades vos, que mi presuncion, y vanidad auian de caer de su trono: quanto me podeis repetir, y traer a la memoria, yo lo doy por dicho, y lo confiesso, fauorecedme, y no me desampareis en esta ocasion; y no me mateis con dezir, que os ireis desta casa: y con esto, y otras cosas q̃ dixo, llorò tan tiernamente, cubriendo el rostro con un lienço, que por poco fuera menester quien nos consolara a entrambos. [In diesem Tone wird die Unterhaltung bis zum Schluss des »descanso« fortgeführt. Da sie für den Gang der Handlung unwichtig ist, so lassen wir sie aus. Obregon erzählt dann im Desc. 3 weiter:

El dia siguiente vino el moçuelo mas temprano de lo que salia, puesto un cuello al uso, como hombre que se veia fauorecido de tan gallarda muger. Sucediò, que dentro de tres, ò quatro dias vinieron a llamar al Doctor Sagredo su marido, y mi amo, para ir a curar un Cauallero estrangero, que estaua enfermo en Caramanchel, ofreciendole mucho interesse por la cura: de que èl recibiò mucho contento, por el prouecho, y ella mucho mas por el gusto. Cogiò su mula, y lacayo, y un braco, que siempre le acompañava, y a las quatro de la tarde diò con su persona en Caramanchel. Ella, visto la buena ocasion, hizome aderecar de cenar lo mejor que fue possible, regalandome con palabras, y prometiendome obras, no entiendo que yo le estoruaria la execucion de su mal intento: vino el moçuelo al anochecer, y començando a cantar, como solia, ella le dixo que no era licito, ni parecia bien a la vezindad (estãdo su marido ausente) cantar a la puerta, y assi mandò, que entrasse mas dentro. Mandò sentar al moçuelo a la mesa, deseando que la cena fuesse breve, porque la noche fuesse larga. Pero apenas se començò la cena quando entrò el braco, haziendo mil fiestas à su ama con las narizes, y la cola. El Dotor viene, (dixo ella) desdichada de mi, què harèmos, que no puede llegar lexos, pues ha llegado el perro? Yo cogì al moçuelo, y pusele en un rincon de la sala, cubriendolo con una tabla (que auia de ser estante para los libros) de suerte, que no se podia parecer, quando entrò el Doctor por la puerta, diziendo: Ay vellaqueria semejante, que embien a llamar a un hombre como yo, y por otra parte llamen a otro medico? Vive Dios, si en años atras me cogieran, que no se auian de burlar conmigo. Pues de esso teneis pena (dixo ella) marido mio? No vale mas dormir en vuestra cama, y en vuestra quietud, que desvelaros en velar un enfermo? Que hijos teneis, que os pidan pan? Vengais muy en hora buena, que aunque pensè tener diferente noche, con todo esso me diò el espiritu, que auia de suceder esto, y assi os tuue, por si, ò por no, adereçada la cena. Ay tal muger en el mundo (dixo el Doctor) ya me aueis quitado todo el enojo que traìa. Vayanse con el diablo ellos, y sus dineros, que mas precio veros contenta, que quanto interes ay en la tierra. Quantos engaños (dixe yo entre mi) ay destos en el mundo: y quantas a fuerça de artificio, y bondad fingida, se hazen cabeças de sus casas, que merecen tenerlas quitadas de los ombros? Apeòse de la ruzia el Doctor, y el lacayo pusola en razon, y fuesse a su posada con su muger, que le dauan racion, y quitacion. Sentòse a cenar el Doctor muy sin enojo, loando mucho el cuydado de su muger. El diablo del braco (que por la fuerça que estos animalejos tienen en el olfato) no hazia, sino oler la tabla, que encubria al moçuelo, rascando, y gruñendo de manera, que el Doctor lo echò de ver, y pregūtò, que auia de tras de la tabla? Yo de presto respōdi: Creo que està alli un quarto de carne. Tornò el braco a gruñir, y aun ladrar mas alto: mi amo lo mirò con mas cuydado que hasta alli: yo echè de ver el daño q̃ auia de suceder, si no se remediaua, y conociendo la condicion del Doctor, di en una buena aduertencia, que fue dezir, q̃ iva por unas azeitunas Seuillanas (de que eran muy amigos) estuueme al pie de la escalerilla esperando su determinaciō: el braco no dexaua de rascar, y ladrar, tanto, que mi amo dixo, que queria ver por què perseueraua tanto el perro en ladrar. Entōces yo puseme en la puerta, y comencè a dar vozes, diziendo: Señor, que me quitan la capa, señor Doctor Sagredo que me capeā ladrones: èl con su acostumbrada colera, y natural presteza, se leuantò corriĕdo, y de camino arrebatò una espada, ponicdose de dos saltos en la puerta, y pregūtando por los ladrones, yo le respōdi, que como oyeron nombrar al Doctor Sagredo, echarō a huir por la calle arriba como un rayo. El fue luego en seguimiento suyo, y ella echò al moçuelo de casa, sin capa, y sin sombrero, poniendo el quarto de carne detras de la tabla, como yo le auia dado la aduertencia: Hasta aqui bien auia caminado el negocio, mas el moçuelo iva tan turbado, lleno de miedo y temblor, que no pudo llegar a la puerta de la calle tan presto, que no topasse mi amo con èl a la buelta. Aqui fue menester valernos de la presteza, en remediar este segundo daño, que tenia mas euidencia que el primero: y assi, antes que el preguntasse cosa, le dixe: Tambien han capeado, y querido matar a este pobre mocito, y por esso se colò aqui dentro huyĕdo, que de temor no ossa ir a su casa: mire v. m., que lastima tan grande: y como es muy de colericos la piedad, tuuola mi amo del moçuelo, y dixo: No tĕgais miedo, que en casa del Doctor Sagredo estais, donde nadie os ossarà a ofender. Ofender (dixe yo) en oyendo nombrar al Doctor Sagredo, les nacieron alas en los pies. Yo os asseguro (dixo el Doctor) si los alcançarà, que os auia de vengar a vos y a mi Escudero de manera, que para siempre no capearan mas. Mi ama, que estaua hasta alli turbada, y temblando en el corredor, como viò tan presto reparado el daño, y buelta en piedad la que auia de ser sangrenta colera, ayudò a la compasion del marido, de buena gana, diziendo: Ay lastima como este: No dexeis ir a este pobre moço, bastãle los tragos en que se ha visto, no le maten essos ladrones. No le dexarè (dixo el Doctor) hasta q̃ le acompañe. Y como sucediò esto, gentilhombre? Iva, señor (respõdiò el moço) a hazer una sangria por Juan de Vergara, mi amo, a cierta señora, del tonillo, y con harto gusto: pero como no duerme este Angel de los pies aguileños sucediò lo que v. m. ha visto. Que no faltarà ocasion para hazerla (dixo la señora) sossieguese agora hermano, que en casa del Doctor Sagredo està. Subios acà (dixo al Doctor) que en cenando, yo os lleuarè a vuestra casa. El braco, aunque salió a los ladrones imaginados, no por el ruido dexo de tornar a la rema de su tabla, y si antes auia rascadola por el moçuelo, entonces lo hazia por la tẽtacion de sus narizes contra la carne: mi amo, como viò perseuerar al braco, fue a la tabla, y hallò el quarto de carne detras de la tabla, con que se sossegò, loando mucho el aliento de su perro. Ella, aunque se auia librado destos trances, todavia durando en su intento, me diò a entender, que no dexasse ir al moçuelo, que era lo que yo mas aborrecia. Cenaron, y el que primero auia sido cabecera de mesa, despues comiò en la mano, como gauilan, y no como galan en la mesa, que la fuerça puede mas que el gusto. En cenando quiso el Doctor lleuarle a su casa, y aũque yo le ayude, mi ama dixo, que no queria que fuesse a ponerse en riesgo de topar con los capeadores, especialmente auiendo de passar por el passadizo de San Andres, dõde suele auer tãtos capeadores retraidos: y aunque esto (dixo) para vuestra anima es poco, serã para mi de mucho daño: porque estoy en sospecha de preñada, y podria sucederme algũ accidẽte, ò susto, que pusiesse mi vida en cuidado; que esse mocitó podra dormir con el Escudero, que es conocido suyo, y por la mañana irse a su casa. Alto (dixo el Doctor) pues vos gustais de esso, sea en hora buena, yo me quiero acostar, que estoy un poco cansado. Fueronse a la cama jūtos (que siēpre lleuaua la muger delante) aunque como elle vivia con diferentes pensamientos, no diò lugar al sueño hasta que diò en una traça endiablada, que le costò pesadūbre, y le pudiera costar la vida. La sala era tan pequeña, q̄ desde mi cama a la suya no auia quatro passos, y qualquiera mouimiento que se hazia en la una, se sentia en la otra: y assi no le pareciò bien lo que por aqui podia intētar. La mula era de manera inquieta, que en viendose suelta, alborotaua toda la vezindad, antes que pudiessen cogerla. Pareciole a la señora doña Mergelina, q̄ desatādola podria bolver a la cama antesque su marido despertasse, para ir a ponerla en razon, y en el espacio que se auia de gastar en cogerla, y trauarla le tendria ella para destrauar su persona. Y como las mugeres son faciles en sus determinaciones, en sintiendo al marido dormido, leuantòse passo a passo de la cama, y yendo a la cauallcriza, desatò la mula, entendiēdo, que pudiera bolver a la cama, antes que la mula haziesse ruido, y el marido despertasse, cō q̄ tēdria lugar para executar su intēto. Pero parece que la mula y èl se concertaron; la mula en salir presto de la caualleriza, haziēdo ruido con los pies, y èl sentirlo tan presto, que se levantò en un instante de la cama, dando al diablo la mula y a quien se la auia vēdido; y si no se entrara la muger en la caualleriza, topara cō ella el marido. El cogiò una muy gentil vara de membrillo, y pegole a la mula, que huyēdo a su estrecha caualleriza, apenas cupiera, por la huespeda que hallò dentro. Ella no tuvo donde encubrirse por la estrecheza, sino cō la misma mula, de suerte, q̄ alcançò (como la vara era cimbreña) gran parte de los muchos varaços, que le diò con los tercios postreros en aquellas blancas y regaladas carnes. Yo estaua en la escalera, como si aguardara al verdugo, que me echara della, turbado y sin consejo: porque veìa lo que passaua, sin poder remediarlo. El braco sintiendo el ruido, y oliendo carne nueva en mi cama, començò a darle buenos mordiscones al moçuelo, y a ladrarle: de suerte que la muger en manos del marido, y el moçuelo en los dientes del braco, pagaron lo que aun no auiã cometido.

Anhang Va.

(Marcos de Obregon, Blatt 100.)

Estando en una Jglesia de Biluao, pusò los ojos en mi una Vizcaina muy hermosa (que las ay en estremo, de lindissimos rostros) yo correspondi de manera, que antes que saliesse, dixo, despues de auer hablado un gran rato, y dado, y tomado, sobre cierta inclinacion, que tenia de venir a Castilla, que passasse aquella noche por su casa, y que hiziesse una seña. Yo les dixe, que señas ordinarias son muy sospechas; y assi, que en oyendo el ruido de un gato, se pusiesse a la ventana, que yo seria. Tuuelo en cuidado, y a las doze de la noche, quando me parecia que no auia gente, fui arrimado a una pared que hazia sombra, y con mucho silencio me puse en un rinconzillo que estaua de baxo de su ventana, donde por la sombra no podia ser visto y entonces hize la seña gatuna, a cuyo ruido se alborotaron los perros, y un jumento soltò su contralto. Andaua de la otra parte un hombre tambien haziendo hora, y como oyò al

S. 120.
Le ciel était très obscur; je n'y voyais pas briller une étoile. Je miaulai deux ou trois fois pour avertir que j'étais dans la rue; et, comme personne ne venait ouvrir, je ne me contentai pas de recommencer, je me mis à contrefaire tous les différents cris de chat qu'un berger d'Olmedo m'avait appris; et, je m'en quittai si bien, qu'un voisin qui rentrait chez lui, me prenant pour un de ces animaux, dont j'imitais les miaulements,

ramassa un caillou qui se trouva sous ses pieds, et me le jeta de toute sa force, en disant: Maudit soit le matou! Je reçus le coup à la tête, et j'en fus si étourdi dans le moment, que je pensai tomber à la renverse.

gato, y los perros, estando yo muy atento a la ventana a ver si se assomaua, cogiò una piedra, y dixo en Bascuençe: Valga el diablo los gatos, que han venido a alborotar los perros, y jugando del braço, y piedra, tirò a buelto donde auia oido el gato, y diome en estas costillas una pedrada, pensando de espantar el gato. Callè, y lleuè lo mejor que pude mi dolor, con que me quitò la atencion de la ventana, y aun el amor de la moça.

Anhang VI.
Marcos de Obregon, Blatt 3.

S. 173.
Don Mathias prit le billet, l'ouvrit, et, après l'avoir lu, dit au valet de don Lope: Mon enfant, je ne me lèverais jamais avant midi, quelque partie de plaisir qu'on me pût proposer; juge si je me lèverai à six heures du matin pour me battre! Tu peux dire à ton maître que, s'il est encore à midi et demi dans l'endroit où il m'attend,

Los agrauios no se han de recibir: si no van muy descubiertos, y aun desto se ha de quitar quanto fuere possible, desapassionandose, y haziendo reflexion en si lo son, ò no, como discretissimamēte lo hizo Don Gabriel Zapata, gran Cauallero, y Cortesano, y de excelentissimo gusto, que embiàdole un villete de desafio a las seis de la mañana cierto Cauallero, con quien auia tenido palabras la noche antes; y auiēdole despertado sus criados por parecerles negocio graue: en leyendo el villete, dixo al que le traia: Dezidle à vuestro amo, que dixo yo, que para cosas q̃ me importan de mucho

nous nous y verrons; va lui porter cette réponse. A ces mots il s'enfonça dans son lit, et ne tarda guère à se rendormir.

gusto, no me suelo leuantar hasta las doze del dia: que por què quiere, que para matarme leuante tan de mañana? Y bolviendose del otro lado, se tornò a dormir; y aunque despues cumpliò con su obligacion, como tan gran Cauallero, se tuuo aquella respuesta por muy discreta.

Anhang VII.
(Marcos de Obregon, Blatt 134—35. Descanso octavo.)

S. 288.
Nous sautions de rocher en rocher, car le terrain est inégal, plein de pierres partout, et l'on y voit fort peu de terre. Un jour, tandis que nous considérions ces lieux secs, et arides, et que nous admirions le caprice de la nature qui se montre féconde et stérile, où il lui plaît, notre odorat fut saisi tout à coup d'une senteur agréable. Nous nous tournâmes aussitôt du côté de l'orient, d'où venait cet odeur; et nous aperçûmes avec étonnement entre des rochers un grand rond de verdure de chèvre-feuilles plus beaux et plus odorants que ceux même qui croissent dans l'Andalousie. Nous nous approchâmes volontiers de ces arbrisseaux charmants qui parfumaient l'air aux environs, et

Como el calor era tã grande, y yo he sido siempre fogoso, llamè a un amigo, y fuimonos saltando de peña en peña, por buscar algun lugar, que, ò por verde, ò por humido nos pudiesse alētar, y a aliuiar de la nauegacion, y trabajo passado, de que salimos muy necessitados. Yendo saltando de una peña a otra, espantados de ver tan auariēta la naturaleza, en tener aquel sitio con tan cãsado sequedad, traxò una bocanada de ayre tan celestial olor de madres saluas, que pareciò que lo embiaua Dios para refrigerio, y consuelo de nuestra cansancio. Bolvì el rostro àzia la parte de Oriente, de donde venia la fragancia, y vi en medio de aquellas continuas peñas una frescura milagrosa, de verde, y florida; porq̃ se vieron de lexos

il se trouva qu'ils bordaient l'entrée d'une caverne très profonde. Cette caverne était large et peu sombre; nous descendîmes au fond en tournant par des degrés de pierre dont les extrémités étaient parées de fleurs, et qui formaient naturellement un escalier en limaçon. Lorsque nous fûmes en bas, nous vîmes serpenter sur un sable plus jaune que l'or plusieurs petits ruisseaux qui tiraient leurs sources des gouttes d'eaux que les rochers distillaient sans cesse en dedans, et qui se perdaient sous la terre.

las flores de la madre salua, tã grandes, apacibles, y olorosas, como las ay en toda Andaluzia. Llegamos, saltando de piedra en piedra, como cabras, y hallamos una cueva, en cuya boca se criauan aquellas cordiales matas de celestial olor. Y aūque era de entrada angosta, allà abajo se estendia con mucho espacio, distilando de lo alto de la cueua por muchas partes, un agua tan suaue, y fria, que nos obligò a embiar al galeon por sogas, para baxar a recrearnos en ella. Baxamos aūque con dificultad, y hallamos abajo uma estancia muy apacible, y fresca: porque del agua, que se destilaua, se formauan diversas cosas, y hazian a naturaleza perfectissima, con la variedad de tan estrañas figuras: auia organos, figuras de Patriarcas, conejos y otras diversas cosas, q̃ con la cōtinuaciō de caer el agua se iuan formãdo a marauilla: desta distilacion se veniã a juntar un arroyuelo, que entre muy menuda, y rubia arena combidaua a beuer dèl, lo qual hizimos con grandissimo gusto. El sitio era de gran deleyte, por que si mirauamos arriba, viamos la boca de la cueva cubierta de las flores de madre selua, que se descolgavan àzia abaxo, esparciendo en la cueva una fra-

6*

S. 289.

Nous descendîmes au fond de l'antre comme le jour précédent, et nous fîmes ràfraichir dans les ruisseaux quelques bouteilles de vin que nous avions apportées. Pendant que nous les buvions délicieusement, en

gāzia de mas q̃ humano olor. Si mirauamos abaxo el sitio dõde estauamos, viamos el agua fresca, y aun fria, y el suelo con assientos, donde podiamos descansar, en tiempo de tan excessiuo calor, con espacio para passearnos. Embiamos por nuestra comida, y una guitarra, con que nos entretuvimos con grãdissimo contento, cantando, y tañendo, como los hijos de Israel en su destierro. Fuimonos a la noche a dormir al castillo, aunque siẽpre quedaua guarda en el galeon. Diximos al Castellano, como auiamos hallado aquella cueua, que era un hõbre de horrible aspecto, ojos encarnizados, pocas palabras, y sin risa, q̃ dixerõ auer sido cabeça de vandeleros y por esso lo teniã en aquel castillo, siendo guarda dèl. Y respõdiẽdonos en lenguaje Catalan muy cerrado: Mirad por vosotros, que tambien los Turcos saben essa cueua: no fue parte esta aduertencia, para que dexassemos de ir cada dia a visitar aquella regalada habitacion, comiendo, y resteando en ella. Hizimoslo diez, ò doze dias arreo. Auiendo un dia comido, y estãdo resteãdo, vimos asomar por la boca de la cueua bonetes colorados, y alquizeles blancos: pusiemonos en pie, y al mismo punto que nos vieron

jouant de la guitarre et en nous entretenant avec gaieté, nous vîmes paraître au haut de la caverne plusieurs hommes qui avaient des moustaches épaisses, des turbans et des habits à la turque. Nous nous imaginâmes que c'était une partie de l'équipage et le commandant du fort qui s'étaient ainsi déguisés pour nous faire peur. Prévenus de cette pensée, nous nous mîmes à rire, et nous en laissâmes descendre jusqu'à dix sans songer à notre défense. Nous fûmes bientôt tristement désabusés, et nous connûmes que c'était un corsaire qui venait avec ses gens, nous enlever. »Rendez-vous, chiens«, nous criat-il en langue castillane, »ou bien vous allez tous mourir!« En même temps les hommes qui l'accompagnaient nous couchèrent en joue avec des carabines qu'ils portaient, et nous aurions essuyé une belle décharge, si nous eussions fait la moindre résistance; mais nous fûmes assez sages pour n'en faire aucune.

(de que venian descuidados) dixo uno en lēgua Castellana, muy clara y bien pronunciada: Rendios perros. Quedarō mis cōpañeros absortos, de ver en lengua Castellana bonetes Turcos: dixo el uno: gēte de nuestro galeon deue de ser, q̄ nos quieren burlar. Hablò otro Turco, y dixo: Rēdi prexto, q̄ Torco extar. Pusieron los tres cōpañeros mano a las espadas, queriendose defender. Yo les dixe: De què sirue esta defensa, si nos pueden dexar aqui anegados a pura piedra, quāto mas cō las escopetas q̄ vemos? Y a ellos les dixe: Yo me rindo al que hablò Español, y todos a todos: y vuessas mercedes pueden baxar a refrescarse, ò si no, subierèmosles agua, pues somos sus esclavos. Dixo el Turco Español: No es menester, que ya baxamos.

Anhang VIII.
(La vida y hechos de Estevanillo Gonzalez, Antwerpen 1646.)
Capitulo segundo: »En que refiere su embarcacion y llegada a Messina, y viaje de Levante,

y lo que le sucedio en el discurso del, y en la ciudad de Palermo, hasto tanto que se ausentò della.« (S, 36—42.)]

Mas como tras la tormenta suele venir la bonanza, assi tras de una desgracia suele venir una dicha, que a averla sabido conservar harto feliz, uviera sido la que hallè a los ocho dias de mi desembarcacion: pues iendome una tarde paseandome por el caçaro de Palermo, admiracion del presente siglo, y assombro de los cinceles, me llamò un gentil hombre, que servia de Secretario a la Señora Doña Juana de Austria, hija del que fue espanto del Ottomano y prodigio del mar de Levanto. Dijome que me auia encontrado tres o quatro veces en aquella calle, y que le avia parecido ser forastero, y estar desacomodado: que si era assi, que el me recibiria de buena gana, y que me trataria como si fuera un hijo suyo en el regalo, y en el traerme bien puesto. Pareciendome el partido mas claro, y menos sin trampa que el del esguazar: Dijele que le serviria con mucho gusto: y dandole el nombre, como a soldado que està de centinela, y negandole el tener padre, ni ser medio Romano, me vendì por Gallejo: y se echo muy bien de ver, que lo era en la coz que le dí, y en

Gil Blas, S. 571.

Un matin qu'il était encore de mauvaise humeur d'avoir perdu cent pistoles le jour précédent, il me demanda pourquoi je n'avais pas porté son linge sale chez une dame qui avait soin de le blanchir et de le parfumer. Je répondis que je ne m'en étais pas souvenu. Là-dessus se mettant en colère, il m'appliqua sur le visage une demi-douzaine de soufflets si rudement qu'il me fit voir plus

la que le quise dar. Fuy lo siguiendo hasta su aposento, adonde despues de averme dado de merendar, me entregò la llave de un baul que tenia deposito de sus vestidos, y de una buena cantidad de dineros; que el hombre que llega a hazer confiança de quien no conoce, ò està jurado de santo, ò graduado de menguado. Y como mi amo me puso el cabo de apaleta, y yo tenia tras de jugador un poquito de goloso, fue fuerza el tirarlo, dandole toque, y emboquè a el baul, el qual quedò libre de no hacer dos de claro, por ser las sangrias pequeñas, y de no mucha consideracion, por no darme lugar a mayor atrevimiento mi poca edad, y el buen tratamiento que me hacia mi amo. Estuve con èl cerco de un mes: que te certifico que no es poco, para quien està en Senado, como yo lo estoy, a mudarlos cada semana como camisa limpia. Llegò un dia de fiesta: adereçavale una conocida suya las bueltas y balonas, y aun pienso que le almidonava las camisas, siendo yo el portador de llevarlas y traerlas madrugo a oyr Misa por ser dia de correo, y viò que yo me havia descuidado en no traerlas un dia antes, como siempre acostumbrava a hazer,

de lumières q'uil n'y en avait dans le temple de Salomon. Tenez, petit malheureux, me dit-il, voilà pour vous apprendre à devenir attentif à vos devoirs. Faudra-t-il donc, que je sois après vous pour vous avertir de ce que vous avez à faire? Pourquoi n'êtes-vous pas aussi habile à servir qu' à manger? Ne sauriez-vous, puisque vous n'êtes pas une bête, prévenir mes ordres et mes besoins. A ces mots, il sortit de son appartement, où il me laissa très mortifié d'avoir reçu des soufflets pour une faute si légère, et bien résolu d'en tirer vengeance, si l'occasion s'en présentait.

J'en étais si content que je ne pus m'empêcher de le communiquer à un vaillant de profession que je rencontrai dans la rue. Depuis que j'étais à Séville, j'avais fait quelques mauvaises connaissances, et principalement celle-là. Je lui contai de quelle

dióme media dozena de bofetadas muy bien dadas, pero muy mal recibidas, diziendome, Picaro Gallego, es menester que ande yo siempre tras vos, diziendoos lo que aveis de hazer? como teneis habilidád para comer, porque no la teneis para servir, teniendo cuenta, pues no soys de los que buscava Erodes, de lo que yo necesito para hazerlo, sin que yo os lo mande? Y diziendo esto, se salio de casa, y yo me quede con mis bofetadas hasta ciento y un año. Bolvio mi amo al cabo de un rato muy alborotado, diziendome, que recogiera todo su ropa blanca, y que me apercibiera, porque otro dia nos aviamos de embarcar para Roma, porque iva acompañando al Principe de Votera, yerno de su ama, que iva a aquella corte a ver el condestable Colona su padre. Yo salí fuera a hazer lo que me mandava con doblado disgusto, del que avia tenido por atreverme a bolver a Roma, y perder tan buen amo, aunque estava algo en mi disgracia por el desayuno de las bofetadas. Encontré en la calle a un jornalero matante, que con aver gastado con el algunas tripas del baul, se avia hecho mi amigo, y lo era taza de vino y de los que agora se usan. Contéle todo mi sucesō

manière et pourquoi j'avais été souffleté; ensuite je lui dis le dessein que j'avais de quitter Don Abel, lorsqu'il serait prêt à s'embarquer, et je lui demandais ce qui'l pensait de ma résolution. Le brave fronça les sourcils en m'écoutant, et releva les crocs de sa moustache; puis blâmant gravement mon maître: Petit bonhomme, me dit-il, vous êtes un garçon déshonoré pour jamais, si vous vous en tenez à la frivole vengeance que vous méditez.

y pedíle que me aconsejasse en aquello que me estava bien. Y despues de aver reportado el bigote, y arqueado las cejas, acriminò mucho lo que mi amo avia hecho commigo, diziendome, que no me tenia por mancebo honrrado, ni por hijo de hombre de bien, si no me vengarà: y persuadiendome, que no fuese a Roma, ni tratàra de darle mas disgustos a mi padre, se resolvió en que me fuesse con el a Messina, y desde alli a Napoles, y que para el viaje cargára con todo quanto pudiera, que el me lo guardaria en su posada, y a mi me tendria occulto en ella, hasta que se embarcasse mi amo, y los dos nos pusiessemos en camino. Pudo tanto conmigo la persuasion deste interesado verdugo, que me obligò à hazer una bileza que jamas avia pensado por mi inaginacion; que tales amigos siempre incitan a cosas como aquestas, y una mala compañia es bastante a que el hombre mas prudente y de mejor ingenio tropiece en una afrenta, y cayga en un peligro. Llevé toda la ropa, que estava fuera de casa, entregésela a mi amo, y ambos estuvimos ocupados toda aquella tarde en aprestar lo necesario por el viaje. Llegó el dia de la embarcacion: y como mi

S. 572.

Quoique j'eusse un penchant naturel à dérober, je fus effrayé de la proposition d'un vol de cette importance.

Je lui montrai le coffre où mon maître avait déjà serré ses nippes, et je lui demandai s'il pourrait lui seul porter un coffre si pesant. Si pesant! me dit-il, apprenez que, lorsqu'il s'agit d'enlever le bien d'autrui, j'emporterais l'arche de Noé. En achevant ces paroles, il s'approcha du coffre, le mit sans peine sur ses épaules et descendit l'escalier d'un pas léger. Je le suivis du même pas; et nous étions près d'enfiler la porte de la rue, quand Don Abel, que son heureuse étoile amena là si à propos pour lui, se présenta tout à coup devant nous.

natural, aunque era picaril, no se inclinava a hurcos de importācia, sino a cosas rateras me determinava, temiendo no me cogiessen en la trampa, y me diessen un jubon sin costura. Quiso mi desgracia que estando ya resuelto de no hacer cosa por donde desmereciera, y de ir acompañando a mi amo, entrò en el aposento el Arquitofel consejero de mi estado, y amigo de mi dinero. Dijome, que como estava con tanta flema, aviendo de partir las galeras a prima vendida, y estando mi amo en la marina con el Principe, y el aposento solo, y la noche oscura. Yo viendome en tan fuerte tentacion, y acordandome de lo que le avia prometido, le dixe, que todo lo que avia de sacar, lo avia metido en aquel baul, y que, por pesar mucho, no avia podido cargar con èl, ni avia hallado quien lo quisiesse llevar. El me respondiò, No le dè cuydado esso, que aqui estoy yo, que llevaré sobre mis sombros no solamente el baul, pero el arca de Noë: y arrimandose a el, y echandoselo a cuestas, y salir del aposento, todo fue uno. Viendole cargar con los Penates de Troya, sin ser piadoso Eneas, sino un astuto Sinon, tomé mi ferreruelo, cerré tras mi, y fuylo siguiendo. Fue tan grande la

Où vas-tu avec ce coffre? me dit-il. Je fus si troublé, que je demeurai muet; et le brave, voyant le coup manqué, jeta le coffre à terre, et prit la fuite pour éviter les eclaircissements. Où vas-tu donc avec ce coffre? me dit mon maître pour la seconde fois. Monsieur, lui répondis-je, plus mort que vif, je vais la faire porter au vaisseau sur lequel vous devez demain vous embarquer pour l'Italie. Eh! sais-tu, me répliqua-t-il, sur quel vaisseau je dois faire ce voyage? Non, monsieur, lui repartis-je, mais qui a langue va à Rome; je m'en saurais informé sur le port, et quelq'un me l'aurait appris. A cette réponse qui lui fut suspecte, il me lança un regard furieux. Je crus qu'il m'allait encore souffleter. Qui vous a commandé, s'écria-t-il, de faire emporter mon coffre hors de cet hôtel? C'est vous-même, lui dis-je. Qui? moi? répondit-il avec surprise, je t'ai donné cet ordre? Assurément, repris-je, souvenez-vous du reproche que vous me fîtes il y a quelques jours. Ne me dîtes-vous pas, en me maltraitant,

ventura de mi amo, que al tiempo que iva a salir el baul por la puerta de la calle, llegò al lumbral della, a querer entrar: y viendo que le mudavan sin su gusto, me dixo, Adonde vas con el baul a estas horas? Yo con mas desmayo de muerto, que aliento de vivo, le respondí, que a embarcarlo en la galera, adonde aviamos de ir. Replicòme, Y sabeys vos en que galera me embarco? Yo respondile, Señor, quien lengua ha, a Roma va; demas que me avian dicho, que v. m. estava en la playa con su Excelencia, y me mandaria adonde lo avia de llevar. Dixole a mi fingido palanquin, que bolviera el baul a su lugar. Hizolo assi, y no viendo la hora de ponerse en salvo, por no ser conocido, se puso con brevedad en la calle. Dixome mi amo con rostro ayrado, cenudo de ojos, y amostazado de narices, Quien os manda a vos, sacar mi hazienda de mi casa, sin tener lincencia mia? Dixele, Tan flaco es v. m. de memoria que ya sele ha olvidado la pendencia sobre las balonas, y el averme dicho, que no avia de andar tras de mi, diziendome lo que avia de hazer, sino que cuydasse yo de lo que v. m. necesitava, sin aguardar a que me lo mandasse? Pues siendo

que vous vouliez, que je prévinsse vos ordres, et fisse de mon chef ce qu'il y aurait à faire pour votre service? Or pour me régler là-dessus, je faisais porter votre coffre au vaisseau...... Allez, monsieur Scipion, que le ciel vous conduisse! vous avez trop d'esprit pour votre âge. Je n'aime point à jouer avec des gens qui ont tantôt une carte de plus et tantôt une carte de moins. Otez-vous de devant mes yeux, ajouta-t-il en changeant de ton, de peur que je ne vous fasse chanter sans solfier.

esto assi, y viendo que en este cofre tiene todos sus vestidos y dineros, y que necesita dellos para este viaje, no pienso que ha sido error, hazer lo que v. m. me manda. Pidiòme la llave, Disela. Abriòlo, y reconociòlo por todas partes: y bolviendo a serrar, me dixo: Señor Estevan Gonzalez, v. m. se vaya con Dios de mi casa, que no quiero en ella criados tan bien mandados, ni sirvientes tan puntuales, y que unas veces pequen de carte de mas, y otras de carta de menos: y agradesca que estoy de partida, que a no estarlo, yo le hiziera cantar sin sol fa. I aun puede ser que lo hago, que no estoy muy fuera dello, si no se me quita de delante.

Anhang IX.
(Estevanillo Gonzalez, S. 43—48.)

S. 373. A mes cris redoublés, maître Diego, le cuisinier de l'archevêque, accourut avec trois ou quatre marmitons pour en savoir la cause.
C'est un grand pendard qui voulait me dépouiller, et je suis sûr qu'il m'attend dans la rue.

Pero como no he sido nada lerdo ni perezoso en tales apreturas tomé tierra del Rey, y con presteza a la calle, y entrandome en casa del Cardenal de Oria, Arçobispo de Palermo, mi bravo se quedò plantado de firme a firme tiendo angulos corvos y obtusos a la puerta de la posada. Hallé a la entrada de la del palacio al cocinero mayor, ò de servilleta, ò manteles de su Eminencia, que se llamava Maestro Diego: y viendome entrar tan presuroso y alborotado, me preguntò, que què era lo que traía. Yo le respondì, que un puñetaço junto al ojo, y cien libras de miedo, porque me avian cogido entre dos, para quitarme el ferreruelo, y que me avia librado dellos, los quales me avian venido siguiendo, hasta averme valido de aquel sagrado. Quiso ser curioso, y saber de donde era, y si tenia padre, ò amo, ò si era venturero. Satisfizele a sus preguntas, y recibiòme por su picaro de cocina, que es punto menos que mochilero, y punto mas que mandil. No me descontentò el cargo que me haria dado, porque sabia por la experiencia de la embarcacion, que es officio grasso, y ya que no honrroso, provechoso. Regalavase mi amo a costa agena, que es gran cosa, comer de mogollon, y raspar a lo morlaco. Tenian cada dia pendencias òl y el Veedor; y a la noche sucedia con ambos aquello de en la cavalleriza, yo y el potro nos pedimos perdon en uno al otro. Yo llevava al tiempo, que el relox echa todo su resto, la comida de raspatoria a casa de mi amo, y a la tres de la tarde las sobras,

S. 574.

Les pages et quelques autres domestiques, pour célébrer l'anniversaire de Monseigneur, s'avisèrent de vouloir représenter une comédie. Ils choisirent celle des Benavides; et comme il leur fallait un garçon de mon âge pour faire le rôle du jeune roi de Léon, ils jetèrent les yeux sur moi.

resultas, y remanentes, y perchances, con ayuda del gifero arbarratillo de la topa vieja y usada, y lo restante del dia me ocupava en hazer burro de anoria a un bulteador asador, donde estava quatro horas como cavallo delazerado, boca abaxo, y sin comer. Hazia de dias entierros de leños y carbones, y a la noche sacava los tales muertos, a que fuessen refrigerio de vivos. Hizieronme al cabo de cinco semanas, en premio de mis servicios, barredero menor de la escalera abaxo, que desta suerta avança quien sabe tan bien servir, y con tanta satisfacion de sus officiales. Sali al nuevo officio descalço, deznudo y tiznado, con tener de mi parte dos Cardenales, que era el uno a quien servia, y el otro el que me hizo, el rebossado valiente, ayunava al traspasso. Quiso mi favorable estrella, que los criados de casa estudiaron la comedia de los benavides para hazerla a los años de su Eminencia, y a mi por ser muchacho, ò quiza por saber que era chozno del Conde Fernan Gonzaley, me dieron el papel del niño Rey de Leon. Estudièlo, haziendole al que se hizo autor de ella, que me diesse cada dia media libra de pasas y un par de naranjas

S. 575,

On construisit dans la plus grande salle du palais un théâtre qui fut bien décoré. On fit dans les ailes un lit de gazon, sur lequel je devais paraître endormi, quand les Maures viendraient se jeter sur moi pour me faire prisonnier. Lorsque les acteurs furent en état de représenter la pièce, l'archevêque fixa le jour de la représentation, et se fit un plaisir de prier les seigneurs et les dames les plus considérables de la ville de s'y trouver.

. . . . . . et à chaque chose dont ils me paraient, il me semblait qu'ils me prêtaient ailes pour m'envoler et m'en aller.

para hazer collacion ligera con las unas, y estregarme la frente a el quarto del alva con las cascaras de las otras, porque de otra manera no saldria con mi estudio, aunque no era mas de media coluna, por ser flaco de memoria, y que esto avia visto hazer a Cintor y a Arias, quando estavan en la compañia de Amarillis. Creyòlo tan de veras, que me hizo andar de alli adelante, mientras duraron los ensayos, todas los dias y estudiando, todas las noches mascando pasas, y todas las mañanas atragantando casco de aranjas, y haziendo fregaciones de frente. Llegò el dia de la representacion: hizose un sumptuoso teatro en una de las mayores salas del palacio: pusieron a la parte del vestuario una selva de ramos, adonde yo avia de fingir estar durmiendo, quando llegasen los Moros a cautivarme. Combidò el Cardinal mi Señor a muchos Principes y Damas de aquella corte: pusieronse mis representantes de aldea muchas galas de fiesta de corpus, adornaronse de muchas plumas, y en efeto el palacio (era) un florido Abril. Pnsieronme un vestido de paño fino con muchas passamanos y botones de plata, y con muy costosos cabos, que fue lo mismo, que ponerme alas para que volasse, y

Un petit escalier dérobé, par où l'on descendait sous le théâtre et dans la salle, me parut propre à l'exécution de mon dessein. Je me levai légèrement, et, voyant que personne ne prenait garde à moi, j'enfilai cet escalier qui me conduisit dans la salle dont je gagnai la porte, en criant: Place, place, je vais changer d'habit. Chacun se rangea pour me laisser passer; de sorte qu'en moins d'une minute je sortis impunément du palais à la faveur de la nuit', et me rendis à la maison du vaillant, mon ami.

me fuesse. Yo aprovechandome del comun vocablo del juego del axedrez, por no bolverme a ver en paños menores, le dixo a mi sayo jaque; de aqui empeçòse nuestra comedia a las tres de la tarde, teniendo por auditorio todo lo Purpureo y brillante de aquella ciudad. Andava tan alerto el autor sin titulo, por aver èl alquilado mi vestido, y hechose cargo del que no me perdia de vista. Llegò el paso, en que yo salia a caza, y fatigado del sueño, me avia de recostar en aquella arboleda, y despues de aver representado algunas versos, y apartadose de mi los que me avian salido accompañandome, entré a reposar en aquel acopado y florido dosel, adonde no se pudo dezir por mi que me dormi con la purga, pues aun no avia entrado en el, quando siguiendo una carrera que hazia la enramada, me dejé descolgar del tablado, y por debaxo dèl. Lleguè a la puerta de la sala, y diziendo a los que la tenian occupada, hagan plaça, que voy a mudar de vestido, me dexaron todos passar, y menudeando escalones y ahallanando calles, lleguè a la lengua del agua, y desde ella a la sombra de la mar. Informaronme otra vez que dì la buelta a esta costa, que salieron en esta oca-

S. 518.

A peine eus-je pris la fuite, que les Maures qui, suivant l'ordre de la pièce qu'on, représentait, devaient m'enlever, parurent sur la scène, dans le dessein de venir me surprendre sur le lit de gazon où ils me croyaient endormi; mais quand ils voulurent se jeter sur le roi de Léon, ils furent bien étonnés de ne trouver ni roi ni roc.

A la voix du prélat, un page, qui faisait le Gracioso dans la pièce, accourut et dit à

sion al tablado media dozena de Moros bautizados, hartos de lonjas de tocino, y de frascos de vino: y llegando a la arboleda a hazer su presa, por pensar que yo estava alli, dixo el uno dellos en alta voz, A, niño Rey de los Christianos: a lo qual avia yo de responder, pensando que eran criados mios, Es hora de caminar: y como ya iva caminando mas de lo que requeria el passo, no por el temor del cautiverio, sino por miedo del despojo del vestido, mal podia hazer mi papel, ni acudir a responder a los Moros, estando una milla de alli, concertandome con los christianos, aunque no lo hize muy mal, pues salí con lo que intentè. Viendo el apuntador que no respondia, soplava de tras a grande priesa, pensando que se me avian olvidado los pies: y a buen seguro, que no se me avian quedado en la posada, pues con ellos hize peñas, y Juan dançante. Viendo los Moros tanta tardanza, pensando que el sueño, que avia de ser fingido, lo avia hecho verdadero, entraron en la enramada, y ni hallaron Rey ni roque. Quedaron todos suspensos: parò la comedia, empeçaron unos a darme voces, y otros a embiarme a buscar, quedando el guardian de mi

Sa Grandeur: Monseigneur, ne craignez plus que les Maures fassent prisonnier le roi de Léon; il vient, grâce à Dieu, de se sauver avec son habillement royal. Le ciel en soit loué! s'écria l'archevêque. Il a parfaitement bien fait de fuir les ennemis de notre religion, et d'échapper aux fers qu'ils lui préparaient. Il sera sans doute retourné à Léon, la capitale de son royaume. Puisse-t-il y arriver sans malencontre! Au reste, je défends qu'on suive ses pas; je serais fâché que sa Majesté reçût quelque mortification de ma part. Le prélat, ayant parlé de cette sorte, ordonna qu'on lût mon rôle et qu'on achevât la comédie.

persona y vestido medio desesperado, y offreciendo Missas a San Antonio de l'adua, y a las animas de l'urgatorio. Contaronle mi fuya al Cardenal: el qual respondiò, que avia hecho muy bien; en averme huydo de enemigos de la fè, y no averles dado lugar a que me hiziessen prisionero; que sin duda me avia buelto a Leon, pues era mi corte, y que desde alli mandaria restituyr el vestido, y que el inter el pagaria el valor del, y que assi no tratassen de seguirme, por que no queria dar disgusto a una persona real, y mas en dias de sus años. Mandò que le leyessen mi papel, y que acabassen la comedia: lo qual se hizo con mucho gusto de todos los oyentes, y alegre el autor della, por tener tan buen fiador.

Vita.

Ich, Gustav Haack, evang. Konfession, wurde am 14. August 1873 als Sohn des Landwirtes Wilhelm Haack zu Dassendorf in Lauenburg geboren. Nachdem ich meinen ersten Unterricht in der dortigen Volksschule empfangen hatte, besuchte ich von Michaelis 1883 bis Ostern 1890 das Realprogymnasium »Hansaschule zu Bergedorf« und darauf das Realgymnasium des Johanneums zu Hamburg. Ostern 1892 verliess ich diese Anstalt mit dem Zeugnis der Reife und bezog die Universität München, um Neuere Philologie zu studieren. Von Michaelis 1892 bis Ostern 1894 war ich in Berlin und darauf bis jetzt in Kiel immatrikuliert. Am 6. Juni d. J. bestand ich das Examen rigorosum.

Ich hörte Vorlesungen bei folgenden Herren Professoren und Docenten:

in München: Breymann, Carriere, Köppel, Schmidtkunz, Stumpf, Stürzinger, Wölfflin;

in Berlin: Cloetta, Dessoir, Geiger, Harsley, Heusler, Lasson, Paulsen, Rödiger, E. Schmidt, Tobler, v. Treitschke, Zeller, Zupitza;

in Kiel: Erdmann, Gauthey des Gouttes, Körting, Krümmel, Sarrazin, Stosch.

Allen meinen Lehrern, vor allem aber den Herren Professoren Körting und Sarrazin, fühle ich mich zu aufrichtigem Danke verpflichtet.

Thesen.

I.
it. toso, prov. tos, afz. tosel sind von tonsus, nicht nach Diez, Etym. Wörterb., von thyrsus abzuleiten.

II.
afz. norriçon ist nicht von nutricationem, sondern von nutritionem abzuleiten.

III.
Körner's Erklärung der Verse 489 u. 490 des Beowulf ist zu verwerfen.